プレビュー！

知れば知るほど面白い

朝鮮王宮の世界

韓国時代劇の傑作の多くは
王宮を舞台にした宮廷劇で
事件は常に王宮で起きている。

ドラマ「トンイ」に登場した仁顕王后

王宮

王朝の歴史が
刻まれた景福宮

儒教を国教とした朝鮮《チョソン》王朝は、太祖《テジョ》・李成《イソン》桂《ゲ》による建国以来、中央集権国家のすべてを取り仕切る場所として、漢陽《ハニャン》（現在のソウル）の中心に王宮を定めた。それが景福宮《キョンボックン》である。

上：景福宮の中から王は全土に王命を発した
下：ドラマ「華政」も王位をめぐる戦いを描いた

国母（王妃）こそが要！

王妃には国を大きく動かす力があった！

国王の母は強い影響力をもっていた

景福宮にある香遠亭《ヒャンウォンジョン》は王家の憩いの場所だった

王妃の中には「廃妃」になった人も多い

ドラマ「オクニョ」では王宮で暗躍した悪女も登場する

絶対的な権力者であった王は、王妃や大妃といった王族女性の影響を強く受けていた。そこで、実力のある王族女性は高官を仲間に引き入れて、王宮の主導権を取るために様々に暗躍した。

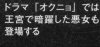

王族の女性たちが暮らした慈《チャ》慶《ギョン》殿《ジョン》

ラマが生まれる

壮麗な宮殿にド

イ・ヨンエが華麗な王妃に扮している

王の後継争いは、つねに非情な戦いの様相を呈していた。そうした騒動の中を、王宮の女性たちは自らの信念で生き抜いた。

王宮の変遷

朝鮮王朝には、景福宮の他に昌徳宮《チャンドックン》、昌慶宮《チャンギョングン》、徳《トク》寿宮《スグン》といった王宮があった。特に昌徳宮は、景福宮が火事で焼失したときに正宮としてもよく使われた。

上：昌徳宮の正門となる敦化門《トンファムン》
中：昌徳宮の正殿として使われた仁政殿《インジョンジョン》
下：この門の奥で王妃たちは暮らしていた

新版

知れば知るほど面白い
朝鮮王宮　王妃たちの運命

康《カン》　熙《ヒ》奉《ボン》
Kang Hibong

JIPPI Compact

実業之日本社

はじめに

韓国時代劇は朝鮮《チョソン》王朝時代を舞台にした作品が多いのだが、特に王宮の中の人間模様がたくさん描かれている。

それは、朝鮮王朝が国王を頂点とする中央集権国家であったことが大きく影響している。政治はつねに王宮の中で行なわれ、そこで決められた法律や制度が当時の人々を統治したのである。

とはいえ、国王や高官たちだけが王宮の主役ではない。

もちろん、彼らが表向きは政治の中枢を握っていたのは確かだが、それだけで朝鮮王朝を動かしていけるわけではなかった。

実は、国王や高官たちに決定的な影響を及ぼす存在があった。それが、王妃であり、大妃（国王の母）であり、王女であった。

彼女たちは王族の一員として、政治の主導者たちの言動を左右する影響力をもっていた。わかりやすくいえば、気の強い王妃や大妃の言葉によって気の弱い国王の命令がガラリと変わることがよくあった。

こうなると、どちらが王朝の最高権力者かがわからなくなってくるが、王妃や大妃にはそれだけ「動かす力」が備わっていた。

さらにいうと、側室や女官も策略や陰謀を駆使して王朝の政治をウラで動かす企みに加担している。

それは、韓国時代劇がスリリングに描いたとおりなのである。

このように、韓国時代劇が王宮の女性たちをメインで取り上げるのは、見る人たちをワクワクさせるような物語に満ちているからだ。

そうした王宮の女性たちの実像を本書では史実に基づいて詳しく伝えている。

本書の初版は２０１１年に出版されたが、それから時間が経ったので、今回は新しい時代劇を加え、さらに大幅に加筆して新版をまとめた。

この新版を通して、韓国時代劇に興味をもってくださる方が増えることを心から願っている。

康　熙奉

新版 知れば知るほど面白い 朝鮮王宮 王妃たちの運命 目次

プレビュー 朝鮮王宮の世界……1
はじめに……10

第1章 韓国時代劇が面白く王宮の人間模様を映し出す！……17
「七日の王妃」のヒロインはなぜ七日で廃妃になったのか 18
「カンテク」を見ると大妃と大王大妃の違いがよくわかる 21
「トンイ」は朝鮮王宮の内情を詳しく紹介してくれたドラマ 24

「イ・サン」に登場する三人の王妃の人生模様を見てみよう　28
「イ・サン」と「トンイ」をつなぐ鍵は〝翡翠の指輪〟　32
王宮の医女として活躍した「チャングム」の実像に迫る　37
最も波乱万丈だった時代を描いた「王と妃」　44
王宮がわかれば韓国時代劇をもっと理解できるようになる　50
「王になった男」に登場する王妃と大妃は史実でどう生きたか　55
王や王妃に対する呼び方には厳格な決まりがあった　58
王妃と側室の関係を如実に教えてくれる「女人天下」　60
■朝鮮王宮なるほどＱ＆Ａ（１）　65

第2章
なぜ王妃は波乱に満ちた人生を迎えたのか……69
王妃は嫉妬を見せてはいけなかった　70
歴代王はどれだけの子供をもうけたのか　75

朝鮮王朝創設時の王妃「神徳王后・康氏」（初代王・太祖の正妻） 78
陵墓まで格下げになった〝悲しき王妃〟 82
王宮に住む女官にとって最大の野望は何だったのか 87
すべての望みをかなえた「明聖王后・金氏」（18代王・顕宗の正妻） 91
王妃の息子は王宮でどのように育てられるのか 96
息子の在位が長くなれば母は最高の幸せを味わう 99
■朝鮮王宮なるほどQ&A（2） 103

第3章

悪女から妖女まで王宮にはこんな人がいた！

悪女から妖女まで王宮にはこんな人がいた！……107
最悪の暴君を産んだ「斉献王后・尹氏」（9代王・成宗の正妻） 108
民衆から憎まれた悪女の象徴「張緑水」（10代王・燕山君の側室） 116
世子の焼死を画策した「文定王后・尹氏」（11代王・中宗の正妻） 119
王妃の後ろ楯を得て暗躍した「鄭蘭貞」（文定王后・尹氏の弟の正妻） 124

王の陰で非情な悪事を働いた「金介屎」（15代王・光海君の側近） 128
これぞまさに魔性の女「張禧嬪」（19代王・粛宗の正妻） 130
政治を思いのままに操った「貞純王后・金氏」（21代王・英祖の正妻） 137
実家偏重で政治を私物化した「純元王后・金氏」（23代王・純祖の正妻） 141
朝鮮王宮なるほどQ&A（3） 148

第4章 王族の女性たちは果敢に運命の扉を開けた

第4章 王族の女性たちは果敢に運命の扉を開けた……151
廃妃の危機に直面した「元敬王后・閔氏」（3代王・太宗の正妻） 152
実家の栄華と没落を経験した「昭憲王后・沈氏」（4代王・世宗の正妻） 155
7代王・世祖を呪い続けた「顕徳王后・権氏」（5代王・文宗の正妻） 160
数多い王女の中で一番有名なのが「敬恵王女」と「貞明公主」 165
垂簾聴政で国政を動かした「貞熹王后・尹氏」（7代王・世祖の正妻） 168
父と息子を光海君に殺された「仁穆王后・金氏」（14代王・宣祖の正妻） 172

夫と一緒に王宮から追放された「廃妃・柳氏」（15代王・光海君の正妻） 176
ひどい仕打ちを受けた「昭顕世子の妻・姜氏」（16代王・仁祖の長男の正妻） 178
廃妃のあと王妃に返り咲いた「仁顕王后・閔氏」（19代王・粛宗の正妻） 182
実家のために夫を見放した「恵慶宮・洪氏」（22代王・正祖の母） 185
■朝鮮王宮なるほどQ＆A（4） 189

王妃から見た朝鮮王朝の歴史……… 195

装幀・ロゴ　杉本欣右
本文デザイン・図版　橋本仁、若松隆

第1章

韓国時代劇が面白く王宮の人間模様を映し出す！

「七日の王妃」のヒロインはなぜ七日で廃妃になったのか

時代劇の「七日の王妃」では、主役のパク・ミニョンの美しき王妃が大評判になった。その王妃は、歴史的には端敬王后《タンギョンワンフ》・慎氏《シンシ》と呼ばれているのだが、歴史に翻弄《ほんろう》された王妃であった。どんな史実があったのだろうか。

端敬王后の父は高官の慎守勤《シンスグン》だった。

1499年に端敬王后・慎氏は、晋城大君《チンソンデグン》（後の中宗《チュンジョン》）と結婚した。彼女は12歳だったが、晋城大君は11歳だった。

仲がよかった二人の人生が変わったのが1506年だ。

当時は「最悪の暴君」と呼ばれた燕山君《ヨンサングン》が王になっていたが、恨みを抱く高官たちが多くいた。彼らはついにクーデターを決行した。

高官たちは最初に、燕山君の異母弟にあたる晋城大君の説得に向かった。燕山君を追放したあと、新しく晋城大君を王位に就けるためである。しかし、計画を何も知らなかった晋城大君は、多くの武人が自邸に押しかけてきたことに仰天してしまった。

「殺されるに違いない。もはや、これまでか……」

晋城大君は震えた。

彼はそれまでに燕山君から脅迫まがいの嫌がらせを数多く受けてきた。それだけに恐怖心が強く、自邸に押し寄せた武人を見て、燕山君が送り込んできた刺客たちと錯覚したのである。

あとがないと覚悟した晋城大君は自決しようとした。それを必死で止めたのが夫人の慎氏だった。彼女は武人の様子をうかがい、決して刺客たちではないと悟ったのだ。こうして招き入れられたクーデター派は、晋城大君をかついで挙兵した。

このクーデターは成功し、晋城大君は11代王・中宗として即位した。ただし、即位式では正式な冠服を着られなかった。あまりに急で準備が間に合わなかったのだ。それほど中宗の即位は異例だった。

しかし、すぐに問題となったのが、中宗の正妻である慎氏だった。彼女は端敬王后・慎氏になっていたのだが、立場が難しかった。なぜなら、新たな王妃は「燕山君の正妻の姪《めい》であり、父親が燕山君の側近」だったために、完全に燕山君派と見られたのだ。

そこで、クーデターを成功させた高官たちは、端敬王后・慎氏の廃妃を主張した。

中宗は抵抗した。彼は、自分がなりたくて王になったわけではなかった。兄に代わって王位に就くのは気が重かったが、高官たちに説得されて仕方なく王になったのである。

普通なら、王の意思は絶大で、臣下が覆せるものではなかった。しかし、中宗の場合は事情が違った。彼は最終的にクーデターの功臣たちに逆らうことができなかった。そこが、「祭り上げられた王」の弱さであった。

中宗は泣く泣く妻を離縁した。そうせざるを得なかった彼は、「重臣たちに頭が上がらない王」ということを内外に強烈に印象づけてしまった。

結局、端敬王后・慎氏はわずか1週間で王妃の座から降りなければならなかった。時代劇のタイトルになっている「七日の王妃」は、主人公となった端敬王后・慎氏の悲しき運命を表していた。

実家に帰されて、端敬王后・慎氏は元王妃として寂しく暮らした。

端敬王后が王宮を去ったあと、中宗は悲しみにくれて、王宮の高い場所に頻繁に上がっていった。端敬王后・慎氏が住むあたりをながめるためだった。

そのことが都で話題になった。端敬王后・慎氏の耳にも入り、彼女は家の裏の岩山に自分の赤いチマ（スカート）を干した。

「私は元気に暮らしています」

そういう意思表示だった。

この話は「赤いチマ岩の伝説」と呼ばれて後世にも語り継がれている。

それから36年の歳月が流れて、中宗が危篤《きとく》になった。そのとき、端敬王后・慎氏が王宮の正門に駆けつけた。中宗に一目だけでも会いたかったのだ。

しかし、端敬王后・慎氏が王宮の中に入ることはできなかった。中宗が世を去ってから13年後の1557年に、端敬王后・慎氏は70歳で亡くなった。

「カンテク」を見ると大妃と大王大妃の違いがよくわかる

「カンテク～運命の愛～」で主役のチン・セヨンは、「オクニョ　運命の女（ひと）」や「不滅の恋人」といったドラマで堂々でヒロインを演じていて、時代劇でとても人気がある女優だ。それだけに、「カンテク～運命の愛～」でも安定した存在感を見せている。

このドラマは、世子《セジャ》の妻や王妃を選ぶための儀式である「カンテク」を取り上げており、その儀式にも参加するカン・ウンボという女性にチン・セヨンが扮している。

そのカン・ウンボはとても活発な性格であり、好奇心旺盛《おうせい》に物事に取り組んでいく。そんな前向きな生き方をチン・セヨンが情感豊かに演じていた。

そうしたストーリーの中で、王宮での複雑な人間関係という意味で興味深かったのが、大妃《テビ》のキム氏（チョ・ウンスクが演じている）と大王大妃《テワンテビ》のミン氏（チョン・エリが扮している）のそれぞれの立場だ。

大妃は、自分の一族から王妃を見つけるために「カンテク」に干渉しようとしているし、大王大妃は王室の安定を最優先に考えていろいろと政治的な動きを見せていく。王のイ・ギョン（キム・ミンギュが演じている）としては、大妃と大王大妃が両方とも健在なので、その存在にかなり気をつかうことになる。

このように、王族女性の長老として大妃と大王大妃は常に微妙な関係を保つことが多かった。史実でもドラマのようなことが目立ったので、改めて両者を比較してみよう。

わかりやすくいえば、大妃は王の母親であり、大王大妃は王の祖母である。

歴代王の場合は、年齢的に大王大妃がいないことも多く、その場合は大妃が王族女性の最長老として存分に影響力を発揮することができた。しかし、大王大妃が存命の場合には、大妃はいつも大王大妃の顔色をうかがわなければならなかった。

立場的には嫁と姑《しゅうとめ》になるが、王族女性の間では姑が絶対的な存在なのだ。

「カンテク～運命の愛～」においても同じことが言える。大王大妃が王室のことをいろいろ自分で決めようとしたら、大妃はそれに逆らうことができなかった。

ただ、大妃もしたたかである。大王大妃に従うふりをして実は陰で自分のやりたいことをかなえようとする。

それでも、やはり大王大妃は「カンテク～運命の愛～」の中で強い権力をもっている。王妃を人選したり高官に指図したり……。王宮で王以上に威厳を保っているという印象だ。それには理由がある。朝鮮王朝は王が絶対の権力者であることは間違いないが、同時に、王族は儒教をしっかり守らなければならなかったからだ。

儒教といえば、最高の徳目は「孝」である。つまり、両親や祖父母を敬うことが人間関係の基本になっていた。しかも、王族は国の模範として長幼の序を真っ先に示す必要があった。それゆえ、王は率先して王宮の中で母や祖母を一番大切にしたのである。そして、王は朝起きたら、真っ先に大王大妃に挨拶《あいさつ》に出向いたのだ。

このような大王大妃の立場を利用して、歴史上において政治的にいろいろと画策した大王大妃もいた。

一番有名なのは、「イ・サン」でもよく出てきた貞純《チョンスン》王后だ。彼女は21代王・英祖《ヨンジョ》の二番目の正室だが、22代王・正祖《チョンジョ》が亡くなったあと、大王大妃として実権を握り、キリスト教徒の大弾圧を行なって多くの信者を殺した。まさに、悪女の中の悪女といえる大王大妃だが、それくらい大王大妃というのは恐ろしい存在だったのである。

「カンテク～運命の愛～」に出てくる大王大妃は史実の貞純王后ほどひどい悪女ではな

かったが、それでも大王大妃の地位を利用して自らの影響力で政治を恣意的に動かそうとしていた。それができるのも大王大妃の立場があまりにも強いからである。そのあたりは、「カンテク～運命の愛～」を見ていても、十分に納得できるところだ。

【「トンイ」は朝鮮王宮の内情を詳しく紹介してくれたドラマ】

２０１１年10月12日、東京・四谷にある韓国文化院のハンマダンホールで、ドラマ「トンイ」の公開記者会見がＮＨＫの主催で開かれた。

登場したのは、主人公トンイ役のハン・ヒョジュと、トンイを兄のように守るチョンス役のペ・スビン。この日はファンも大勢招待されていて、二人が現れると客席から大歓声があがった。

ファンは名古屋、岡山、福岡からも来ていたという。

わずか1時間の公開記者会見にこれだけ熱心な人が全国から集まってくるところに、当時の韓国時代劇の人気を実感する。

公開記者会見の冒頭で、ハン・ヒョジュは「トンイ」を撮影中の思い出を振り返った。

「撮影中は本当にいろんなことがありました。忙しいときは1日に1時間くらいしか眠れませんでした。でも、トンイのように凛々《りり》しい気持ちで臨んでいるうちに、辛いと思わなくなり、大変な撮影も乗り越えることができました」

ハン・ヒョジュの発言を聞きながら、私はその半年前に彼女と交わした言葉を思い出していた。それは、渋谷のNHK放送センターでハン・ヒョジュの記者会見が開かれたときのことで、彼女とちょっと立ち話をした。

その際、どうしてもハン・ヒョジュに聞いてみたいことがあった。韓国の新聞に「ハン・ヒョジュは豚足《とんそく》が好きだ」と書かれていたので、それが事実かどうか確かめてみたかったのだ。

「本当に豚足が好きなのですか」

私が聞くと、彼女は笑顔で答えた。

「ええ。撮影で疲れたときには、どうしても肉が食べたくなりますね」

そう答えたときのハン・ヒョジュは、なんだかうれしそうだった。きっと、おいしい豚足の味を思い出していたのかもしれない。

ドラマ「トンイ」の撮影中はハン・ヒョジュも連日大変なハードスケジュールだった。それだけに、豚足を食べたくなる機会もさぞかし多かったことだろう。

その日の彼女との会話が忘れられないのは、2011年3月11日の午後2時頃のことだったからだ。それから1時間もしない間に東日本大震災が起こった。以後のめまぐるしい日々を思うと、ハン・ヒョジュとの束《つか》の間の会話が、ずっと遠い日の記憶に思えて仕方がなかった。

東日本大震災から1カ月後の2011年4月10日からNHK・BSプレミアムで「トンイ」の放送が始まったが、この作品は、宮中の下働きをしていた低い身分の女性が逆境にめげずに明るく誠実に生きていく物語だった。

トンイに扮したハン・ヒョジュの演技も光っていた。

その彼女が、トンイというキャラクターについて疑問に思ったことがあったと公開記者会見で率直に語っていた。

「トンイのように、これほど明るくて健全で正しい考えをもった人が本当にいるのかな、とちょっと疑問でした。ところが、撮影が終わったときには、『やっぱり、こういう人が一人はいてくれたらいいなあ』と思いました。本当にトンイはすてきな女性です。私はまだとてもトンイの境地には達していませんが、『こういう方向に進みたい』『正しい道をめざしたい』と思う気持ちを重ね合わせていました」

ひとつの役を演じきっている最中、俳優は自分の中にもうひとつの人格を植えつけるものだという。しかし、その人格も、次の作品に移ると自然に消えていってしまう。それでも、トンイというキャラクターだけは心の底にいつまでも残ることだろう。それだけ特別な愛着をトンイに抱いている、とハン・ヒョジュは語っていた。

同じように、ペ・スビンも「トンイ」に出演した感激をこう表現した。

「出演中に泣いたことがあります。それは、大切な人を守ることのすばらしさがわかったからです。私もチョンスを大いに見習って、大切な人を守れるように努力していきたいですね」

このように、「トンイ」に出演した俳優自身が大切なものを感じ取っているのである。そのドラマを見ている私たちにも、俳

ドラマ「トンイ」の制作発表会では各俳優が劇中の衣装を着て登場した

優たちの熱い思いが十分に伝わってくる。

いわば、「トンイ」は演技者と視聴者が、〝共感〟を分かち合えるドラマだった。ハン・ヒョジュも公開記者会見でこう語っていた。

「『トンイ』は時代劇ですが、このドラマの登場人物は私たちと共通点がありました。作品には愛や嫉妬《しっと》や情熱や欲望といったことが描かれていますので、若い人からお年寄りまでみんなが楽しめると思います」

さらに付け加えていえば、「トンイ」は王や王妃の人間性に焦点を当てたドラマでもあった。歴史の中で、王や王妃は難しい顔ばかりしていたような印象をもってしまうが、実は庶民と変わらぬ喜怒哀楽があったことを「トンイ」は楽しく見せてくれた。そういう意味でも、このドラマは、朝鮮王朝の王宮と視聴者をより近づけた作品だったともいえる。その功績は本当に大きい。

「イ・サン」に登場する三人の王妃の人生模様を見てみよう

ドラマ「イ・サン」は、朝鮮王朝後期の名君と讃えられる22代王・正祖《チョンジョ》（在位は17

76〜1800年）の一代記だが、同時に、王を取り巻く女性の立場を興味深く見せてくれる作品でもあった。「イ・サン」を例に挙げながら、王妃たちの動向を見てみよう。

このドラマは、サン（後の正祖）の父の荘献《チャンホン》（後に思悼世子《サドセジャ》と呼ばれた）が、祖父である21代王・英祖《ヨンジョ》（在位は1724〜1776年）の怒りを買って米びつに閉じ込められている場面から始まる。結局、荘献は餓死してしまい、サンが世子（王の後継者）となる。

この時点で、王家の女性の立場はどうなっていただろうか。

荘献が亡くなったのは1762年でサンは10歳だった。この年に彼は結婚して妻がいた。後の孝懿《ヒョウィ》王后・金《キム》氏である。彼女は9歳だった。

その当時、庶民は10代後半に結婚するのが一般的だったが、王族の男子の場合は10歳前後に妻をもらうのが当たり前だった。そういう意味では、サンの結婚も王家の常識に則していた。

ただし、肉体的に成熟していないので、夫婦が性生活を共にすることはない。一緒に寝る日がくるのは10代半ばからである。それまでは形だけの夫婦といっていい。

また、サンが10歳のときに母の恵慶《ヘギョン》宮・洪《ホン》氏は27歳だった。彼女は世子嬪だったが、夫・荘献が世を去ったことで世子嬪の資格を失った。王妃になる道を断たれてしまったわけだが、まだ希望があった。サン次第では、〝王の母〟になる可能性が残っていたのである。

その点では王宮内でも立場が強かった。

一方、1762年の時点で英祖の継妃だった貞純《チョンスン》王后・金《キム》氏は17歳だった。英祖は68歳だったので、年齢差は51歳となる。

現在の常識からは不自然に思えるが、当時の王家としてはあり得ることだった。実は、英祖が63歳のときに最初の妻が亡くなっていたのだ。王妃が亡くなると王はかならず未婚の女性を継妃として迎えなければならなかった。それゆえ、英祖は65歳のときに14歳だった貞純王后・金氏をめとったのである。

ドラマ「イ・サン」では貞純王后・金氏の役を女優のキム・ヨジンが演じた。彼女は1972年生まれで、「イ・サン」の制作時（2007～2008年）には30代なかばだった。それで17歳の役を演じたわけである。違和感が残るところだが、ドラマでは貞純王后・金氏の年齢を感じさせない展開だった。

英祖から正祖までの人物相関図

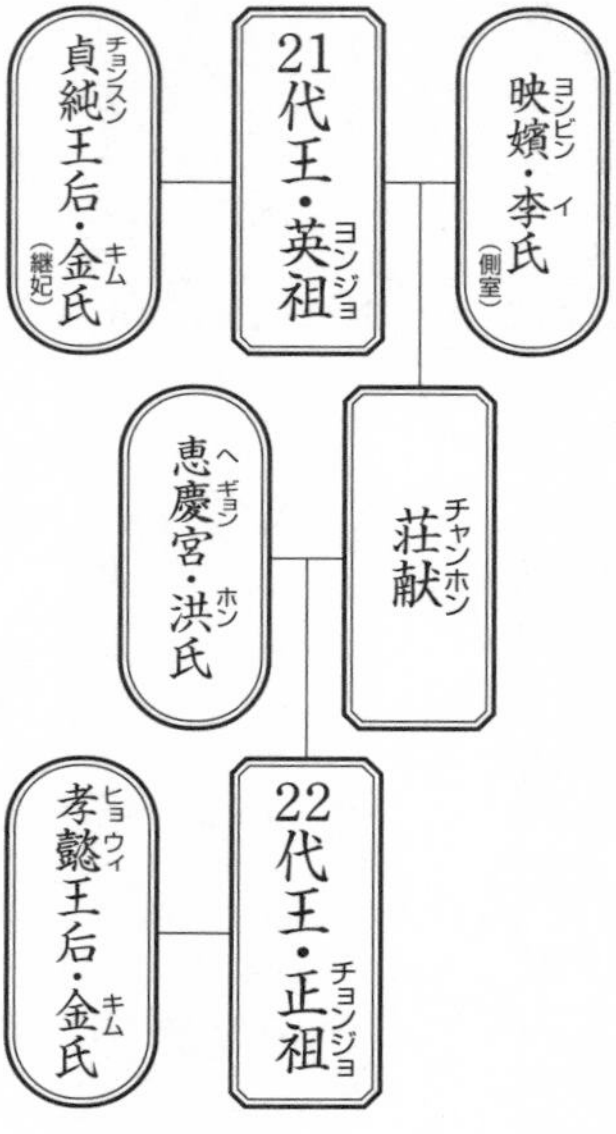

以上の王族の女性たちは、サンが成長して正祖として即位した後はどうなったであろうか。

正祖は父の荘献を死に追いやった人たちをすぐに粛清《しゅくせい》した。憎しみは根深かった。貞純王后・金氏も荘献を追い詰めた一人なので、正祖が彼女を冷遇しても不思議はないのだが、むしろ丁重に遇した。形のうえでは大王大妃《テワンテビ》（王の祖母）だけに、うかつに手を出して酷評されるのを避けたのだ。

しかし、政治的にはそれがマイナスに働いた。わずか7歳しか年上でない祖母は正祖がめざした改革を次々に邪魔したからである。その事実を頭に入れて「イ・サン」を見ると、貞純王后・金氏のキャラクターがますます憎たらしくなるかもしれない。

母の恵慶宮・洪氏は、息子の即位を心待ちにしていたが、それが実現してみると、期待が落胆に変わった。荘献を死に至らしめた一派として、恵慶宮・洪氏の実家の人間がことごとく処罰されたからだ。彼女は実家の没落に耐えなければならなかった。

その後、正祖によって荘献は〝荘祖《チャンジョ》〟に追尊（あとから尊号を受けること）され、それにともなって恵慶宮・洪氏も王妃に列せられた（尊称は献敬《ホンギョン》王后）。ただ、彼女は実家の没落を恨《うら》む気持ちが強かったので、息子の正祖に感謝する気持ちはなかった。

1800年に正祖が亡くなったのちも恵慶宮・洪氏は生き続けた。実家の名誉を回復させるために奔走《ほんそう》し、1815年に80歳で世を去った。

正妻の孝懿王后・金氏は、王妃になった後も実に評判がいい女性だった。恵慶宮・洪氏と貞純王后・金氏にもよく尽くし、その人柄のよさは宮中で誰もが尊敬するほどだった。人間的にこれ以上の王妃はいなかったのだが、最後まで子供を宿すことができなかった。後継ぎを側室に託さなければならない点は心苦しかったであろう。

1821年、68歳のときに亡くなった。孝懿王后・金氏は今でも韓国で「最も徳があった王妃」として記憶されている。

「イ・サン」と「トンイ」をつなぐ鍵は〝翡翠の指輪〟

「イ・サン」と「トンイ」。このふたつのドラマが深くつながっていることを連想させる場面がある。鍵を握るのは翡翠《ひすい》の指輪だ。

まずは、先につくられた「イ・サン」（2007〜2008年の制作）から見てみよう。第44話で21代王・英祖《ヨンジョ》は、病状が重く死期が近いことを悟り、病床にソンヨン（22代王・正祖《チョンジョ》の幼馴染み）を呼ぶ。彼女に描いてほしい絵があったからだ。ソンヨンの絵の上手《うま》さは以前から知っていた。

おそるおそるソンヨンが英祖の前に進み出ると、英祖はソンヨンに「亡き息子の肖像画を描いてくれ」と言う。その息子とは、怒りのあまり英祖が自ら米びつに閉じ込めて餓死させてしまった長男の荘献《チャンホン》のことだった。

ソンヨンは、英祖が口で言うとおりの風貌《ふうぼう》を描く。できあがった肖像画をしみじみと見つめる英祖。息子を殺した後悔にさいなまれ、その末に息絶える。

その報を聞いて、王宮では誰もがひざまずいて号泣していた。その中に呆然《ぼうぜん》と立ち尽くしながら、ソンヨンは振り返る。英祖の長男の肖像画を描いたときに、英祖から指輪をもらったことを……。

それは、円形の翡翠が二連になった指輪だった。美しい光沢を見せている。英祖はその指輪をソンヨンに渡しながらこう言う。

「これは余の生母でいらっしゃる淑嬪《スクビン》・崔《チェ》氏が余に残してくださったものだ。受け取りなさい。余に貴重な絵を描いてくれたお礼として、これをそなたにあげよう」

おそれ多くてソンヨンは辞退する。

「いただくわけには……。そのような貴重なものをなぜ私のような者に？」

英祖も譲らない。

「構わない。そなたがサン（正祖）の古い友だと聞いた。受け取りなさい」

王にここまで言われて固辞するわけにもいかない。ソンヨンが受け取ると、英祖は「これからも友としてサンのことを頼む」と最後の願いをする。

そんな場面を振り返りながら、ソンヨンは英祖から受け取った指輪を大切そうに握りしめた。

現実的には、王宮内の下働きにすぎないソンヨンが王から形見の指輪を譲られることはあり得ないが、英祖が淑嬪・崔氏（ドラマ「トンイ」の主人公）の名を口にすることで、彼がいかに生母を慕っていたかがよくわかった。

英祖は1776年に亡くなっている。ドラマのうえとはいえ、英祖がソンヨンに指輪を贈ったのは1776年ということになる。

それから80年ほどの時間をさかのぼってみよう。

今度はドラマ「トンイ」の第31話の一場面だ。

19代王・粛宗《スクチョン》（在位は1674〜1720年）の側室となったトンイ（淑嬪・崔氏）は、粛宗に挨拶に行く。

そのときに、王から愛情の証としてもらったのが翡翠の指輪だった。

この瞬間に、視聴者はニヤリとしたはずだ。先に制作された「イ・サン」で登場した翡翠の指輪が、2年後に制作された「トンイ」でも再び同じように登場する。設定のうえでは、両場面の間には80年ほどの時間差がある。その長き時間を越えて同じ指輪が存在することで、確かな形をもって「トンイ」と「イ・サン」はつながった。

同時に視聴者は、トンイが英祖を産んで立派な王に育てたということをふたつのドラマを通して実感できたのである。

「イ・サン」も「トンイ」も韓国時代劇の巨匠と称されるイ・ビョンフン監督の作品だが、彼は〝翡翠の指輪〟を通してそれぞれのドラマが長い歴史の中で切れない糸のようにつながっていることを示した。

このイ・ビョンフン監督は、韓国時代劇が日本に定着するうえで最も貢献した演出家である。「宮廷女官　チャングムの誓い」は〝好きな韓国時代劇〟のアンケートで常にトップになっているし、「イ・サン」と「トンイ」も人気上位に入っている。イ・ビョンフン監督の作品がなければ、日本でこれほど韓国時代劇が受け入れられなかったといっても過言ではないだろう。

このようにイ・ビョンフン監督の作品が愛されるのは、主人公のキャラクターが魅力的だからだ。チャングムにしてもイ・サンにしてもトンイにしても、みんな逆境の中で塗炭《とたん》の苦しみを味わうが、決して希望を失わず、自分を信じて前向きに精進し、最後は努力が実って夢をかなえる。それだけに、視聴者はドラマを通して、主人公が成長する過程を一緒に体験するような気持ちになれるのである。

そういう意味でも、困難な時代になればなるほど、イ・ビョンフン監督の作品は見ている人を励まし勇気を与えてくれる。

このイ・ビョンフン監督の題材選びは独特だ。いつも膨大《ぼうだい》な歴史書の中からドラマの主人公にふさわしい人物をさがしだすのだが、「イ・サン」の次の作品を準備しているとき、最初は昭顕《ソヒョン》を取り上げようとしていた。

昭顕は16代王・仁祖《インジョ》の長男で世子《セジャ》（王の後継者）に決まっていたが、1636年に朝鮮王朝が清に攻められて屈伏したとき、人質として清に連れ去られている。その清で開化思想に触れて世界的視野をもった点がイ・ビョンフン監督も気に入ったようだが、最終的には昭顕を主人公にすることを見送っている。それは、彼が最後に悲劇的な死に方をするからだった。

これでは希望がもてるドラマをつくれないと感じたイ・ビョンフン監督は、さらなる検討を重ねた結果、歴史の中で埋もれていた淑嬪・崔氏を選び出して、明るく力強く生きる女性の王宮一代記として「トンイ」を制作した。

この「トンイ」が世に出た意義は大きい。なぜなら、「イ・サン」と連動することによって、朝鮮王朝時代の17世紀後半から18世紀末までの百数十年の歴史が網羅できたのである。すなわち、粛宗から英祖、正祖に至る名君の系譜を理解しやすくなった。

ドラマはフィクションとはいえ、根底にある歴史的部分は事実である。当時の人たちがどう生きたかということを知ることは好奇心を大いに刺激される。

王宮の医女として活躍した「チャングム」の実像に迫る

朝鮮王朝の王宮では非常に多くの人が働いていたが、最も専門性が高い仕事といえば、やはり医術であった。特に、王族の生命を預かるだけに、その重要性は他の仕事の比ではなかった。

実際に王宮で医術を取り仕切っていたのは、内医院《ネウィウォン》という役所である。この内医院で一番重要な仕事は、王が服用する薬を調合することだった。記録によると、医女《ウィニョ》(女性医師)は20名ほどいたという。儒教的な生活規範では女性を診察できるのは医女だけだったので、宮中で働く女官のために多くの医女が必要とされたのである。

歴代王の言動や王宮内の出来事を詳しく記録した正史の「朝鮮王朝実録」を見ると、11

代王・中宗《チュンジョン》（在位は１５０６〜１５４４年）の時代に「長今《チャングム》」という医女が実在していることがよくわかる。

具体的にいうと、１５１５年から１５４４年にかけて「朝鮮王朝実録」の中に長今に関する記述が10カ所ほど出てくる。その記述に着想を得て時代劇「宮廷女官　チャングムの誓い」はつくられた。

ただし、ドラマでチャングムは料理人から医女になるが、「朝鮮王朝実録」に登場する長今は医女ではあるが料理人ではない。つまり、ドラマの料理人の部分は完全なフィクションなのである。

あくまでも医女として実在した長今。王と王妃のそばで仕えた身として、王宮の中でも特別な存在であったことは間違いない。彼女の行動をさぐるためにも、「朝鮮王朝実録」の中で長今が登場する箇所を取り上げてみよう（紹介した記述は要約）。

◇１５１５年3月21日付け「医女の長今は功績があったので当然ながら褒美《ほうび》を受けるべきなのだが、大きな問題が起こってまだ褒美をもらえないでいる」

◇１５１５年3月22日付け「医女である長今の罪は、河宗海《ハジョンヘ》（人名と思われる）より甚《はなは》だしい。産後に王妃の衣装を改めるとき、それをやめてしまうとは、一体どういうことなのか」
◇1522年9月5日付け「大妃様の状態がよくなり、医師たちに褒美をくださった。医女である信非《シンビ》（役職名か人名かと思われる）と長今には、それぞれ米、豆を各10石ずつ与え……」
◇1524年12月15日付け「医女である大長今《テジャングム》の医術は他の人より少し優れているので、宮殿への出入りが許されて看病を行なっている。よって、この全遞兒《チョンチェア》を大長今に進呈せよ」（長今の韓国語読みは〝チャングム〟だが、前に言葉が付くと〔この場合は〝大《テ》〟が付いている〕、〝チャングム〟の最初の音である〝チ〟が濁音化して〝ジ〟となる。よって、大長今は〝テジャングム〟と発音する。また、文中にある〝全遞兒〟についてだが、〝遞兒〟とは現職に就いていない者に俸禄《ほうろく》〔給料〕をあげるために用意される役職のこと。その言葉に〝全〟が付いた〝全遞兒〟は、常時勤務するようになって俸禄のすべてを受け取る遞兒、という意味である）。
◇1533年2月11日付け「医女である大長今と戒今《ケグム》（役職名か人名かと思われる）には、米と豆を各15石、木綿と布をそれぞれ10匹ずつ賜り……」（木綿と布の単位に使われている〝匹〟は、布二反をまとめて数えるときに用いられる）
◇1544年1月29日付け「医女である大長今と銀非《ウンビ》（役職名か人名かと思われる）た

ちに薬のことを論議せよという命令が下されたので、その意思を内医院の提調《チェジョ》（高官の役職名）に伝えよ」

◇1544年2月9日付け「医女である大長今には、米と豆を合計で5石支給せよ」

◇1544年10月25日付け「医女である長今が現れてこう言った。『昨日の夕方、お上は三更《こう》（午後11時から翌日の午前1時までの間）にお休みになり、さらに、五更（午前3時から午前5時までの間）にもちょっとお休みになられました。小便はしばし通り、大便はお出にならないまま3日が過ぎました』」

◇1544年10月26日付け「お上がおっしゃった。『余の病状は医女（長今）が知っている』」

◇1544年10月29日付け「朝、医女である長今が内殿から出てきてこう言った。『（お上は）下気が通り始めて、とても気分がいいとおっしゃいました』」（〝下気〟とは便通の

ことかと思われる）

以上が、「朝鮮王朝実録」で長今について記述された箇所である。この記述を通してどんなことがわかるのか。それを整理してみよう。

◆まず長今が有能な医女であったことがよくわかる。彼女は功績が大きく、しばしば米、豆、布などの褒美を受けている。また、長今に関する記述の中で4回は〝大長今〟と記されている。〝大〟が付くということは、それほど存在が大きかったことを意味している。彼女は医女の中でも特別な存在であったことだろう。なお、〝大長今〟というのは、ドラマ「宮廷女官　チャングムの誓い」の原題である。

◆中宗が自ら「余の病状は医女（長今）が知っている」と言うほど、王は長今に深い信頼を寄せている。また、王が服用する薬を調合したり王が寝る時間をしっかり把握しているほど、長今は王のそばで診察をしていた。

◆王だけでなく大妃の診察もしている。重要な王族を多く診《み》ていたものと思われる。なお、大妃とは王の母親のことで、具体的には9代王・成宗《ソンジョン》の継妃であった貞顕《チョンヒョン》王后・尹《ユン》氏をさしている。貞顕王后・尹氏は1462年生まれで、斉献《チェホン》王后・尹氏（暴君だった10代王・燕山君《ヨンサングン》の生母）が廃妃になったあとの1480年に成宗の三番目の正妻となった。

中宗を産んだのは1488年で26歳のときだった。燕山君が追放されて中宗が1506年に即位すると、王の生母として王宮で存在感を示した。1530年に68歳で世を去っている。

◆長今に関する記述の中では、1515年3月22日付けのものが重要だ。長今は〝産後に王妃の衣装を改めるとき、それをやめてしまった〟と記されている。確かに、中宗の二番目の正妻であった章敬《チャンギョン》王后・尹《ユン》氏は1515年に、のちに12代王となる仁宗《インジョン》を産んでいる。しかし、産後の体調が悪く、彼女は出産後6日目に24歳で亡くなった。

王妃の死となれば、王宮も大変な騒ぎであったことだろう。「朝鮮王朝実録」によると、長今は王妃が着替えるのをやめさせたようだ。その真意はどこにあったのだろうか。身体が冷えるのを憂慮したのであろうか。

医女として能力が高かった長今が王妃の体調を気づかって行なったことなので、相応の理由があったはずだが、その行為を咎《とが》められてしまうのは仕方がないだろう。当時の医師はあくまでも結果を問われるからだ。

◆「朝鮮王朝実録」では、長今の人物像についてまったく触れられていない。結局、彼女がどんな女性であったかは見当もつかない。それがなんとも惜しい。長今の性格がわかるような記述があれば、彼女の人となりをもう少し詳しく知ることができたのだが……。

以上の通りに「朝鮮王朝実録」の記述を整理してみたが、ひとつ気になるのは、長今が１５１５年から１５４４年まで約30年にわたって王族のそばで診察を行なっていたことだ。寿命が短い時代に、これほど長く同じ職責を果たすというのは並大抵のことではない。しかも、長今が医女として王族に仕えている間に、王妃や大妃が世を去っている。そんな場合は医師も責任を問われるのが普通だった。果たして、長今はどのようにして責任を回避したのであろうか。

その疑問を解く推理として、長今とは名前ではなく職名であると考えたらどうであろうか。実際、他の医女も〝信非〟のように名前とは思えないような呼ばれ方をしている。もし長今が職名であるならば、複数の長今がいてもおかしくないし、そのように推理する歴史学者もいる。仮に二人の長今がいたとすれば、約30年間の長きにわたる記述に出てくるのも何ら不思議ではない。

断片的な記述しかないために、さまざまな推測ができるのだが、「宮廷女官　チャングムの誓い」に登場するチャングムは、「朝鮮王朝実録」の記述から抜け出し、自らの努力と工夫でかぎりない成功を得た魅力的な女性だった。同時に、記録に残った長今という医女に注目して全54話の卓越した物語をつくった制作陣は、多くのファンから称賛を受けている。

最も波乱万丈だった時代を描いた「王と妃」

時代劇は今でこそ韓国テレビ界でも高い視聴率を得られる人気ジャンルだが、1980年代から90年代にかけては大苦戦していた。王朝内の権力闘争という同じ素材を俳優だけ変えて繰り返し放送していたことで視聴者から飽きられ、若者の恋愛を扱ったトレンディドラマに人気を奪われてしまったのだ。

風向きが変わったのは、1990年代後半に入ってからだ。

朝鮮王朝創設期を扱った「龍の涙」（韓国での放送は1996年11月～1998年5月）が徐々に人気を獲得し、この長いドラマが後半に入ったときには、最高視聴率が50％近くにもなった。

人気の要因はいくつかある。

1997年末に行なわれた大統領選挙の熾烈《しれつ》な候補者対決が、「龍の涙」で描かれる王権争いとリンクして同ドラマの注目度がアップしたし、同じ頃に韓国を襲った経済危機が、歴史から教訓を学ぶ風潮を生んで追い風となった。しかも、作品の出来が非常によかったことが、視聴者が時代劇に戻ってくる契機となった。

もともと、韓国の人たちは歴史がとても好きで時代劇の需要が高かった。さらに、ドラマをつくるときに女性からの視点を取り入れたことも大きかった。男同士による単純な王権争いではなく、王妃や女官たちが活躍するスリリングな宮廷劇が登場して、以後の韓国テレビ界は空前の時代劇ブームを生んだ。

優れた作品は財産である。結果的に、韓国だけでなく日本の視聴者も時代劇を通して朝鮮半島の歴史に親しめるようになった。

特に、「歴史を学ぶ」という観点から見れば、充実しているのが朝鮮王朝前期だ。複数の作品をつなげていけば、１３９２年から１５６５年くらいまでの約１７０年間の朝鮮王朝史を細かく知ることができる。たとえば、次のような作品群が連動するかのように、時代を次々に引き継いでいる。

◇「龍の涙」（１９９６〜１９９８年制作／全１５９話）
主な時代背景は初代王・太祖《テジョ》から3代王・太宗《テジョン》まで
◇「大王世宗」（２００８年制作／全86話）
主な時代背景は4代王・世宗《セジョン》のとき
◇「王と妃」（１９９８〜２０００年制作／全１８６話）

主な時代背景は5代王・文宗《ムンジョン》から10代王・燕山君《ヨンサングン》まで

◇「女人天下」（2001〜2002年制作／全150話）

主な時代背景は11代王・中宗《チュンジョン》から13代王・明宗《ミョンジョン》まで

もちろん、ドラマである以上は創作や誇張が入っているのが当然だが、つくり方が丁寧で歴史の大局を見るのに十分である。同時に、王妃や女官の言動もたっぷり織り込まれていて、一面的でないところも物語に深みを与えている。

中でも、「王と妃」は正史の「朝鮮王朝実録」の内容に沿っており、ナレーションで語られる歴史の説明も親切だ。しかも、朝鮮王朝の歴史で最も波乱万丈だった15世紀後半という50年間の出来事を臨場感たっぷりに再現している。日本の視聴者に人気が高いのもうなずける。

物語の全体を通して主人公の役割を担っているのは仁粋《インス》大妃・韓《ハン》氏である（昭恵《ソヘ》王后・韓《ハン》氏という尊称でも知られている）。彼女は7代王・世祖《セジョ》の長男・懿敬《ウィギョン》の正妻である。

懿敬は世子《セジャ》（王の後継者）だったので、仁粋大妃・韓氏も本来なら夫が存命中に王妃になるはずだった。しかし、懿敬は19歳で夭逝《ようせい》してしまった。とはいえ、仁粋大妃・韓氏は次男が9代王・成宗《ソンジョン》として即位したために、王の母となり〝大妃〟の座にのぼった（懿敬は徳宗《トクチョン》に追尊）。彼女は王宮の女性の中で特に教養が高く、政治的な判断力にも優れていた。

「王と妃」の第123話には、12歳で即位した成宗があまりに幼すぎるので、成宗の祖母であった貞熹《チョンヒ》王后・尹《ユン》氏（7代王・世祖《セジョ》の正妻で仁粋大妃・韓氏にとって姑にあたる）が垂簾《すいれん》聴政を行なう場面が出てくる。

世祖から燕山君までの人物相関図

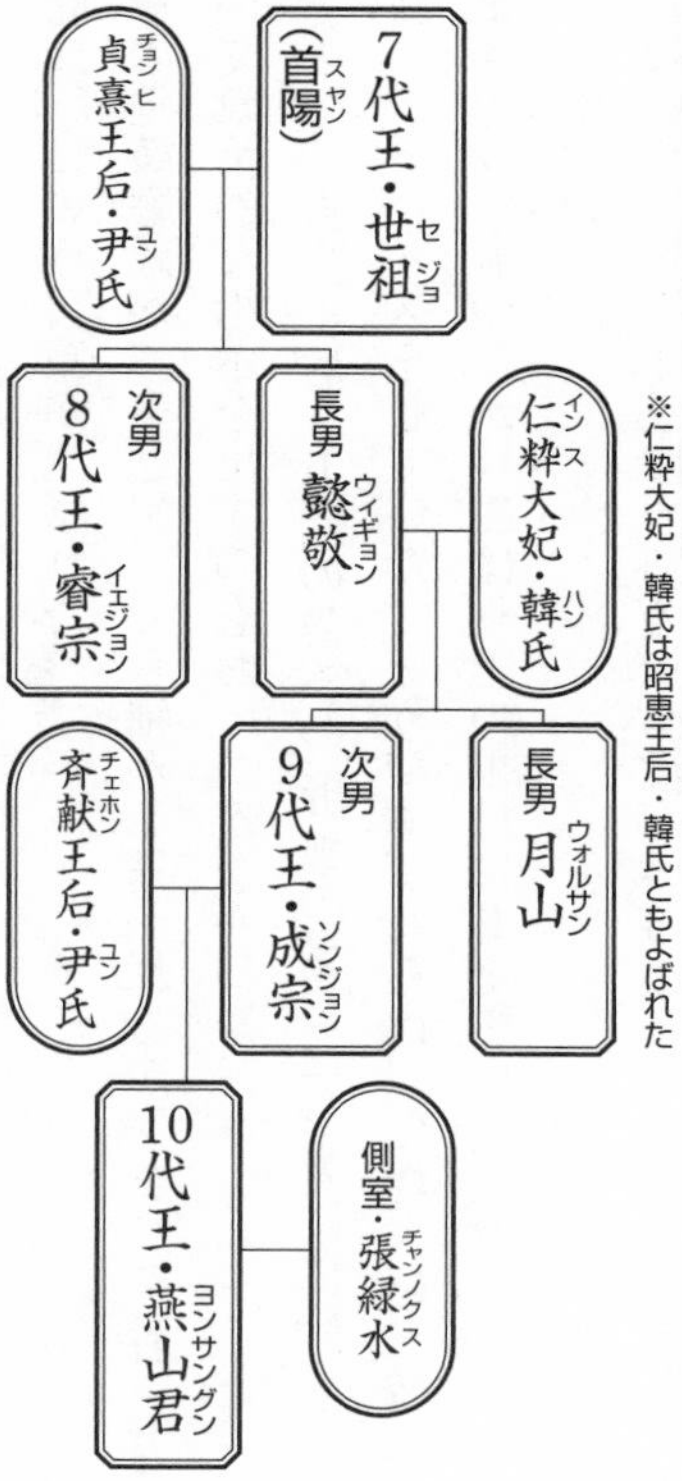

この垂簾聴政とは、政権運営を代理することをいう。特に、王が幼すぎるときに、その王の母や祖母が政治を代行することをさす。朝鮮王朝時代には男女が面会することを厳格に規定する例が多く、それは王の代理となる女性にも適用された。そこで、王の後ろに

簾《すだれ》を垂らし、その中に政治を仕切る女性が座るようにしたのである。その様子から〝垂簾聴政〟という言葉が生まれた。

その垂簾聴政が「王と妃」でも細かく描かれるが、貞熹王后・尹氏は文字が読めなかったので政治的な指示を出すのもおぼつかなかった。

そこで、貞熹王后・尹氏の後ろの屏風《びょうぶ》のさらに後方に仁粋大妃・韓氏が控え、重要な決断のアドバイスをしていた。そうであるならば、仁粋大妃・韓氏が自ら垂簾聴政をすればよさそうなものだが、やはり王の祖母にあたる貞熹王后・尹氏の立場を尊重しなければならなかった。

とはいえ、垂簾聴政にも別の指南役がいることが高官たちの間で大問題になった。仁粋大妃・韓氏は批判を受ける形になったが、彼女は強い意思で敵対する勢力をつぶしていった。そのあたりの決断力と押しの強さはまさに〝鉄の女〟であった。

そうやって望みを次々にかなえていった仁粋大妃・韓氏だが、晩年は苦悩が深まった。暴君として知られる10代王・燕山君が、実母の斉献《チェホン》王后・尹《ユン》氏（108ページで紹介）が廃妃および死罪となったことを知って、仁粋大妃・韓氏のせいだと思うようになったからだ。「王と妃」の終盤では、燕山君と仁粋大妃・韓氏の葛藤が細かく描かれていて、思わず画面に引き込まれる。

特に、燕山君が「母の墓前に追悼の酒でも捧げてほしい」と仁粋大妃・韓氏に命令口調で言うと、彼女が「酒どころか毒薬を手向けてさしあげようか」と返すところが秀逸だ。この言葉で燕山君は怒り心頭になるのだが、仁粋大妃・韓氏は命の火が消えるまで「朝鮮王朝の王の系譜をしっかり守る」と念じていた。その迫力の前では、さしもの暴君も子供扱いだった。

この「王と妃」で仁粋大妃・韓氏に扮したのが人気女優のチェ・シラだった。彼女は時代劇での活躍が本当に目立つ。

そのチェ・シラは2011年10月8日付けの「朝鮮日報」で、「王と妃」に出演した当時をこう述懐している。

「個人的には時代劇がもっている味わい深いセリフが好きですね。どういうわけか、私はこれまで時代劇では、多くの人にとってそれほど馴染《なじ》みがない歴史的人物に扮してきました。逆に、張禧嬪《チャンヒビン》や張緑水《チャンノクス》（ともに歴史に残る妖女）には惹《ひ》かれませんね。ただ妖艶《ようえん》であるだけの人物は似合わないんですよ」

この言葉に、チェ・シラの自負が込められている。彼女は、一般にはそれほど知られていない歴史上の女性に光を当てる役割にやり甲斐《がい》を感じている。そんな彼女の女優魂を「王と妃」でたっぷり見ることができる。

王宮がわかれば韓国時代劇をもっと理解できるようになる

韓国時代劇で一番多く登場する場所はどこだろうか。それは誰もがすぐにわかるように、ズバリいって「王宮」である。ほとんど王宮の中だけで物語が進行する作品も多い。それだけに、王宮のことをよく知っておけば、ドラマの理解に本当に役立つだろう。そこで、王宮の施設とそれが何に使われたのかを細かく見ていこう。

朝鮮王朝は1392年に建国されたが、その3年後から景福宮《キョンボックン》の建設が始まって王宮として使用された。

他にも王宮は昌徳宮《チャンドックン》、昌慶宮《チャンギョングン》、徳寿宮《トクスグン》がある。昌徳宮は3代王・太宗《テジョン》によって1405年に離宮としてつくられた。昌慶宮は当初、4代王・世宗《セジョン》が父（太宗）のための離宮として建てたものだ。

徳寿宮は、9代王・成宗《ソンジョン》が兄のための私邸として建設し、後に離宮となった。1592年の壬辰倭乱《イムジンウェラン》（日本でいう文禄の役）のときに景福宮と昌徳宮が焼失したので、一時は徳寿宮が王宮として使用された。

また、16代王・仁祖《インジョ》の治世期（1623〜1649年）に、昌徳宮の復旧工事が終わり、以後は昌徳宮が王宮として使われた。景福宮は1592年以来ずっと放置されていたが、1865年に復元工事が始まり、1868年から276年ぶりに王宮になっている。

以上のような変遷があったものの、朝鮮王朝の正宮といえば景福宮である。この正宮の建物は以下のように構成されていた。

◇光化門《クァンファムン》

景福宮の正門である。

◇勤政殿《クンジョンジョン》

景福宮の正殿で、即位式などの重要な儀式を行なった。

◇思政殿《サジョンジョン》

勤政殿の後ろに位置しており、王や高官はここで執務を行なった。

◇修政殿《スジョンジョン》

4代王・世宗《セジョン》の時代にはここで学者たちが研究を行なった。

◇康寧殿《カンニョンジョン》

王の寝殿として使われた。

◇交泰殿《キョテジョン》

景福宮の正殿となっていた勤政殿

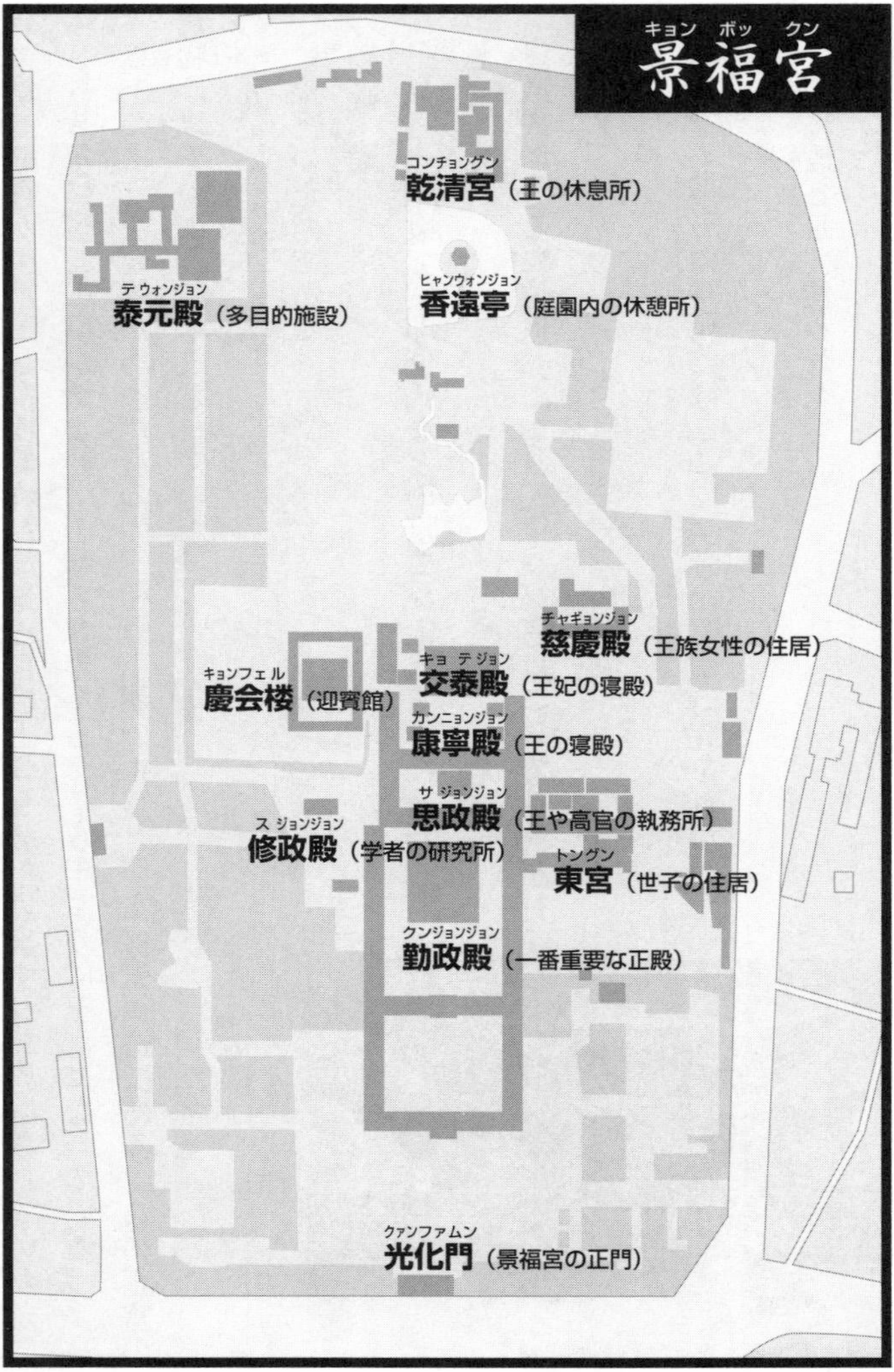
景《キョン》福《ボッ》宮《クン》
乾清宮《コンチョングン》（王の休息所）
泰元殿《テウォンジョン》（多目的施設）
香遠亭《ヒャンウォンジョン》（庭園内の休憩所）
慈慶殿《チャギョンジョン》（王族女性の住居）
交泰殿《キョテジョン》（王妃の寝殿）
慶会楼《キョンフェル》（迎賓館）
康寧殿《カンニョンジョン》（王の寝殿）
思政殿《サジョンジョン》（王や高官の執務所）
修政殿《スジョンジョン》（学者の研究所）
東宮《トングン》（世子の住居）
勤政殿《クンジョンジョン》（一番重要な正殿）
光化門《クァンファムン》（景福宮の正門）

王妃の寝殿として使われた。

◇慈慶殿《チャギョンジョン》

王族の女性の住居として使われた。

◇東宮《トングン》

世子《セジャ》（王の後継者）が住んだ宮殿。

◇慶会楼《キョンフェル》

外国から来た使節の迎賓館として使われた。

◇香遠亭《ヒャンウォンジョン》

景福宮で随一の景観を誇る庭園の中につくられた休憩用の建物。

◇乾清宮《コンチョングン》

王が休息する場所として使われた。

◇泰元殿《テウォンジョン》

多目的に使用されたが、王族の祭祀などもここで行なわれた。

〈景福宮の歴史〉

1392年	朝鮮王朝が建国
1394年	都が漢陽《ハニャン》（現在のソウル）になる
1395年	景福宮の建設が始まる
1474年	勤政殿が青い瓦となる
1543年	東宮が火事で焼失
1553年	思政殿や康寧殿などが火事で焼失
1592年	壬辰倭乱《イムジンウェラン》（日本でいう文禄の役）で景福宮全体が焼失し、以後は放置される
1865年	景福宮の復元工事が始まる
1867年	復元工事がほぼ終了
1868年	正宮が昌徳宮から景福宮に移る
1876年	火事により景福宮の多くの建物が焼失
1888年	康寧殿、交泰殿、慈慶殿を再び建設
1954年	景福宮の一般公開が始まる
1968年	光化門が復元される
1990年	大々的な景福宮復元工事が始まる
2011年	約20年をかけた復元工事が終了したが、以後もさらなる復元工事を予定

以上が景福宮の主な建物である。朝鮮王朝時代を扱ったドラマでは王の即位式が重要な場面としてよく登場するが、それは実際に勤政殿で行なわれた。また、中国からの使節を招いて公式行事を行なったのも勤政殿である。王宮の中でも一番重要な建物で正殿とも呼ばれた。

一方、王を上座にすえて重要な会議を行なう場面も時代劇によく出てくるが、それを行なったのが思政殿である。国の行方を左右する決定は、すべてここで下されたと思って間違いない。

勤政殿や思政殿の東側にあるのが東宮であり、ここで世子が暮らし勉学にも励んだ。よって、世子はよく「東宮」とも称された。

王妃をはじめ王族の女性たちが暮らしたのが交泰殿や慈慶殿であり、王宮のほぼ中央に建物があった。

王の側室たちは「後宮」といわれたように、王宮の敷地の中でも後方に住んだ。朝鮮王朝前期には王の側室が10人ほどいることも多かったが、当時は側室が住む建物がさぞかし軒を連ねていたことだろう。

王宮の中で働く女官たちは、王宮の敷地の端で固まって住んでいて、高い品階を得られなければ王や王妃がいる場所には近づけなかった。また、彼女たちは原則として王宮の外にも出られなかったので、王宮の端の狭い場所が生活空間のすべてだった。それを不自由と感じたら、王宮内での厳しい生活にとうてい耐えられなかっただろう。

「王になった男」に登場する王妃と大妃は史実でどう生きたか

「王になった男」では、ヨ・ジングが扮した王の妻をイ・セヨンが演じ、ストーリーの中心人物として出番が多かった。そういう意味では、王妃の存在感が強烈だった。

ドラマの中の王は歴史上の光海君《クァンヘグン》がモデルになっており、王妃は史実では「廃妃《ペビ》・柳《ユ》氏《シ》」と称される。

果たして、どんな運命だったのだろうか。

柳氏は1576年に生まれた。

16歳のときに光海君と結婚し、夫が1608年に王になったので、彼女は32歳のときに王妃に昇格した。

王妃は「国母」と呼ばれるので、柳氏も女性として最高の栄光を享受したのだが、1623年のときに光海君はクーデターで王宮を追われて廃位となった。それにともなって、柳氏と息子夫婦も江華島《カンファド》に流罪になってしまった。

その後、息子夫婦は逃亡に失敗し、命を絶たれた。

その知らせを受けた柳氏は慟哭《どうこく》し、もはや「この世に未練はない」と悲観した。光海君に必死になぐさめられたが、自尊心がとても強かった柳氏の悲しみはまったく癒えず、彼女はずっと泣き続けていた。そして、ついに彼女は観念して首を吊《つ》ってしまった。享年は47歳だった。

このように、史実の柳氏は「王になった男」が描いた王妃とはまったく別の人生を歩んだのであった。

一方の光海君は、息子夫婦と妻に先立たれても生き続け、1641年に世を去った。妻の柳氏より18年も長く生きたのである。

さらに、「王になった男」には、もう一人、重要な王族女性が登場する。それは、王に対し激しい憎しみをもっていた大妃《テビ》（王の母）だった。大妃は様々な工作で王を毒殺しようとしたし、王の身分を剥奪《はくだつ》しようとねらっていた。

それほど激しく恨んでいたのも当然のことだ。なぜなら、自分が産んだ王子を殺されているのだから。

ドラマの話を史実に照らして検証してみよう。

「王になった男」のイ・ホンは15代王の光海君《クァンヘグン》のことであり、大妃は仁穆《インモク》王后・金《キム》氏のことだ。

仁穆王后・金氏は、光海君の父である宣祖《ソンジョ》の二番目の正室だ。1606年に宣祖の嫡男となる永昌《ヨンチャン》大君《デグン》を産んでいる。光海君は側室が産んだ庶子だったので、永昌大君は年下でも格は上だった。

宣祖は永昌大君を次の国王にしたい気持ちをもっていたが、1608年に亡くなってしまった。

そのとき永昌大君は2歳だった。これでは王になることはできない。

こうして異母兄の光海君が15代王に即位した。その後に光海君は何をしたか。1614年に異母弟の永昌大君を殺してしまったのだ（永昌大君の母の仁穆王后・金氏については第4章で詳しく紹介している）。

それはあくまでも歴史上の話だ。ドラマの「王になった男」では、大妃が執拗《しつよう》に国王のイ・ホンを追い落とそうとしていたのだが、実際に王位に就いていたのは道化師のハソンだった。

そのことを大妃がしばらく知らなかったことがさらに物語を複雑にしていた。

それでも、大妃は執念を燃やして王に対してわが子の仇《かたき》を取ろうとしていた。そんな大妃の動向も物語を波乱に導いていた。

王や王妃に対する呼び方には厳格な決まりがあった

本書を読んでいて、王妃や側室の表記に違和感をもつ読者がいるかもしれないので説明しておこう。ドラマ「トンイ」の主人公である淑嬪《スクビン》・崔《チェ》氏を例にとると、〝淑嬪〟は〝嬪〟という品階名が入った尊称であり、〝崔〟が姓である。

このように、王族の女性は姓を出しても名を示さないのが一般的だった。よって、常に（尊称＋姓氏）で表記されている。あるいは、貞純《チョンスン》王后・金《キム》氏のように、（尊称＋（王妃または大妃）＋姓氏）で表された。

それは、当時から王族の女性をフルネームで呼ぶことが避けられたからである。どうやら〝はしたない〟という雰囲気があったようだ。それだけ尊称で身分を示すという風潮が強かったのである。

また、王族の場合は、配下の者が呼びかけるときに厳格な決まりがあった。それをひとつずつ見ていこう。

まず、配下の者が王に呼びかけるときは「殿下《チョナ》」と呼んだ。しかも、〝チョナ〟と短くいい切ると失礼にあたるとされ、かならず〝チョー、ナー〟と語尾を伸ばした。そのときは顔をまともに見てはいけなかったので、かならず頭をやや下げて目を伏せながらいった。

一方、高官の場合は、「殿下」の他に「主上《チュサン》」と呼びかけることも多かった。「あなたこそがこの世で一番です」というニュアンスである。

ところで、日本語吹き替えでは多くのドラマで配下の者が〝王様〟と呼びかけているが、これはいかにも王に対して失礼に当たるだろう。朝鮮半島での「様」は日本では「さん」に近いニュアンスがあるからだ。〝王様〟ではあまりに軽すぎるのだ。このあたりは実情とそぐわないので、ぜひ改善してほしい点なのだが……。

王妃は配下の者から「中殿《チュンジョン》」と呼ばれた。単独ではなく、かならず「媽媽《ママ》」という敬称をつけた。つなげると「中殿媽媽」となる。韓国の時代劇では〝ママ〟のところを〝マー、マー〟と語尾を伸ばしている。

王の息子の場合は、正室から生まれると「大君《テグン》」、側室から生まれると「君《クン》」と呼ばれた。〝大〟が付くか付かないかの違いがある。

その中で世子に指名されると、「東宮《トングン》」とも呼ばれた。世子が住む宮殿がかならず王宮の東側に置かれたからである。

王の娘は、正室から生まれたら「公主《コンジュ》」、側室から生まれたら「翁主《オンジュ》」と呼ばれた。この場合、王妃の場合と同じように「媽媽」という敬称が付いた。よって、配下の者が呼びかけるときは、「公主媽媽」「翁主媽媽」となる。

王妃と側室の関係を如実に教えてくれる「女人天下」

朝鮮王朝時代、王の正室と側室が常に緊張状態にあったのは当然のことだ。なにしろ、世子の座をめぐる争いが常に存在したのだから……。

世子は、原則として正室の長男に決まることが多かったが、正室から男子が生まれない場合は側室が産んだ王の息子が年齢順に選ばれた。つまり、側室も王の母になるチャンスがあるわけで、常に正室の動向をうかがっていた。それは正室も同様であり、側室の数が多いときは正室の警戒ぶりも並ではなかった。

そのあたりの駆け引きを細かく描いていたのが、韓国時代劇の「女人天下」だった。この作品の第11話は、11代王・中宗《チュンジョン》（在位は1506〜1544年）が三番目の正妻を迎える場面から始まる。

その正妻は文定王后《ムンジョン》・尹氏《ユン》（119ページで紹介）だった。前の王妃が亡くなったことで中宗は新たな王妃を選んだのだが、ドラマのナレーションでは「彼女が選ばれた理由は、貧しい家に育ち外戚の干渉を防げたことと、世継ぎを産むための才色を備えていたからだ」と説明されている。

文定王后・尹氏は、婚礼前に世話役の女官たちに対して「殿下のおそばで仕える側室は8人の仙女と呼ばれ、その人たちの美しくない行動が噂になっている。内命婦《ネミョンブ》の秩序を正すには、側室の内情を知らなければいけません」と言って、側室の動向を細かく報告するように依頼している（内命婦とは、宮中で奉職する女官の総称である）。

婚礼前から、文定王后・尹氏の教養が高いことが宮中でも評判になっていた。しかし、側室の間では彼女に対する反感が高まっていた。側室たちは結束して文定王后・尹氏を強く警戒した。

晴れて王妃となった文定王后・尹氏のもとへ、三人の側室がいそいそと表敬訪問にやってくる。文定王后・尹氏は最初こそ三人に社交辞令を述べていたが、やがて本題に入る。彼女は、「三人の側室の父たちは功臣だが、やりたい放題で娘たちを側室に入れ、しかも殿下を惑わそうとした」と側室たちを詰問した。さらに、亡くなった前王妃は側室に気兼ねしてツワリも隠していたと厳しく指摘した。

そこまでは冷静に話していた文定王后・尹氏は突然、感情をあらわにして、「なぜ、こんなことが宮中で起きるのか？」と声を荒らげた。顔を曇らせてジッと耐える側室たち。文定王后・尹氏はたたみかけて言う。

「私は内命婦の秩序と掟《おきて》が乱れるのを黙って見ていない。特に、前にいる三人には目を光らせるから」

完全な脅《おど》しである。文定王后・尹氏が三人の中で特に目をつけたのが敬嬪《キョンビン》・朴《パク》氏だった。彼女が以前から中宗の寵愛《ちょうあい》を受けていたからである。

一喝されて、敬嬪・朴氏は動揺を隠せない。「大変な王妃がやってきた」という心情がありありと出ていた。

文定王后・尹氏は中宗の前ではしおらしくしているが、側室の前に出ると態度が一変する。このあたりの変わり身は、「女人天下」で文定王后・尹氏に扮した女優のチョン・イナが細かく演じ分けていた。

しかし、側室たちも黙ってはいない。彼女たちは集まって対策を練る。その中心にいた敬嬪・朴氏は「側室を抑えようというのは無駄《むだ》なこと。何日か経てば宮中の暮らしが辛いことがわかるはず。むしろ私たちがそれを教えてあげましょう」と意気込む。以後は、正室対側室の火花が散っていく。

文定王后・尹氏は中宗が敬嬪・朴氏の部屋を訪ねているという話を聞いて、より強硬な手段を思いつく。彼女は三人の側室を呼んで、その前に書物の「内訓《ネフン》」を置いた。この書物には宮中にいる女性が心得ておくべき教養や礼儀が書かれており、9代王・成宗《ソンジョン》の実母である仁粋《インス》大妃・韓《ハン》氏が編纂したものだ。

文定王后・尹氏はこの書物を見せながら、側室たちに内容を語ってみよと迫る。敬嬪・朴氏をはじめ誰も答えられないと怒りをあらわにして、「そなたたちは殿下の枕元でお世辞を並べることしか能がないのか」とどなりまくる。さらに、頭を下げているだけの側室に向かって、こう言い放つ。

「100回読んできなさい。出来の悪い畑にはクズしか育たない」

ここまで言われてしまった側室たち。反発して意地でも「内訓」を読み切ろうとしたが、敬嬪・朴氏だけは行動が違った。彼女は文定王后・尹氏の前で土下座して謝罪する。

文定王后・尹氏が無視すると、それを聞いた中宗が自ら「敬嬪・朴氏の罪を許せ」と言ってきた。

それでも、文定王后・尹氏は「内命婦の秩序を守るため」という理由で王の願いを聞き入れなかった。

とはいえ、敬嬪・朴氏もしたたかだ。この一件で中宗の同情を買うことに成功し、心の中でニンマリしていたのだ。

以上のように、「女人天下」では中宗の治世時代の正室と側室の心理戦を描いていたが、文定王后・尹氏がそれだけ強気に出ていたのも、すべて自分の子供を王にしたかったからだ。そのためにも、早くから側室たちを牽制する必要があったのだ。

果たして、文定王后・尹氏と敬嬪・朴氏のその後はどうなっただろうか。それは第3章を読んでいただければすべておわかりになるだろう。

朝鮮王宮なるほどQ&A（1）

Q. **王が王妃と結婚するときの儀式はどのように行なわれたのでしょうか。**

A. 朝鮮王朝では、王室の結婚式のことを「国婚《クッコン》」と呼んでいました。この「国婚」には、王妃を迎える儀式、世子《セジャ》（王の後継者）の妻を迎える儀式、王子が妻を迎える儀式、王の娘が嫁に行く儀式の4種類ありましたが、もちろん、王妃を迎える儀式が最高の格式で行なわれました。

王と王妃の結婚式は、主に6段階に分かれていました。それを順に説明しましょう。

1．納采《ナプチェ》……王妃になる女性が住む場所に王の使者が行って、婚姻が決まったことを伝える儀式です。

2．納徴《ナプチン》……婚姻が決まったことを祝して王家が出した贈り物を、王妃になる女性が住む場所に届ける儀式です。

3．告期《コギ》……王家で吉日を選び、その日に嘉礼《カレ》（王の婚姻や即位、世子の婚姻などで行なう礼式のこと）を行なうことを決めます。そして、その日時を王妃になる女性に伝えるのが「告期」です。

4．冊妃《チェクビ》……まず、王宮で王妃を冊封《さくほう》（中国で皇帝が臣下に爵位や俸禄《ほうろく》を与えること。朝鮮王朝でも王妃や世子を正式に決めることを意味していました）します。そのうえで、王家は王妃が住む場所に使者を出して、その場で冊封を伝える儀式を行ないました。
5．親迎《チニョン》……王が自ら王妃が住む場所に行って、彼女を迎えて王宮に連れ帰る儀式です。
6．同牢《トンネ》……王と王妃が先祖に結婚を報告し、祝いの膳を囲みます。そのうえで、二人は初夜をともにします。

以上の手順で「国婚」が進められますが、王と王妃の婚姻ともなると、数カ月にわたって国を挙げてのお祭り騒ぎとなりました。いわば、庶民も心から新しい王妃の誕生を祝福したのです。

Q．王宮には全部でどのくらいの人が住んでいたのですか。

A．王宮の中心に住んでいたのは、もちろん王族です。この人たちが王宮の主役でした。政治と行政を担当する高官たちは王宮の外に自分の屋敷を構えて王宮まで通ってきていましたし、実務を担当する下級の官吏たちも通常は王宮の外に住居をもっていました。結局、王族以外で王宮に住みついていたのは主に、女官と内侍《ネシ》（宦官《かんがん》）でした。女官と内侍は仕事以外でも王宮の外に出ることはありませんでした。そういう意味では、人生のすべてを王宮で全うした人たちだといえるでしょう。

実際に王宮に住んだ人たちの数は時代によって違います。18世紀前半の21代王・英祖《ヨンジョ》の治世時代にはおよそ1000人が王宮に住んでいましたが、19世紀後半の26代王・高宗《コジョン》の治世時代には480人が王宮の住人だったとされています。およそ150年で王宮に住む人が半減しているわけです。これは女官や内侍の数が減ったことを意味しており、それだけ財政状況がよくなかったのでしょう。

Q. **王妃をはじめとして朝鮮王朝時代の女性の髪型について教えてください。**

A. 当時の女性たちはさまざまな髪型をしていましたが、それは身分に応じて決められていたともいえます。ここでは代表的な五つの髪型を取り上げましたので、順に見ていきましょう（それぞれの髪型の名に〝モリ〟という言葉がついていますが、これは〝頭〟〝髪〟という意味です）。
王妃が宮中で正式な儀式に出席するときに整えた髪型が〝テスモリ〟です。女性の中では最も威厳のある髪型とされました。

宮中で両班《ヤンバン》（貴族階級）の夫人たちが儀式に出席するときに整えた髪型が〝オヨモリ〟です。装飾品をたくさん着けて、髪型が豪華に見えるように工夫されています。

その〝オヨモリ〟に〝トクジ〟を載せたのが〝トクジモリ〟です。〝トクジ〟というのは木の表面を彫《ほ》って黒い漆《うるし》を塗ったもので、これを使うことによって髪型を翼《つばさ》のように大きく広げて見せることができるようになりました。宮中で大事な儀式があるときに王族や両班の夫人たちがこの髪型を採用していました。

次に、結婚している女性たちの一般的な髪型が〝チョクチンモリ〟です。〝ピニョ〟と呼ばれるかんざしを使って髪をまとめていました。

未婚の女性が髪を束ねて長く垂らしたスタイルが〝テンギモリ〟です。〝テンギ〟というのは長い髪の先に着ける布のことです。

＜女性の髪型＞

第2章

なぜ王妃は波乱に満ちた人生を迎えたのか

王妃は嫉妬を見せてはいけなかった

朝鮮《チョソン》王朝の王妃は〝国母《クンモ》〟と呼ばれるほど特別な存在だった。

儒教思想が生活の隅々まで浸透していた時代にあって、女性は〝男尊女卑〟のしがらみの中で暮らすことを強いられたが、それに気後れせずに逞《たくま》しく生きていた。そんな彼女たちが仰《あお》ぎ見たのが王妃だった。

王とは違い、前面に出て全土に王命を出すわけではないが、家族の絆《きずな》を大切にする当時の人々にとって、王妃の存在は心の拠《よ》り所だった。それだけに、〝国母〟という呼称には多大な尊敬が込められている。

過去、朝鮮王朝には何人の国母がいたのだろうか。歴代王の王妃を表にまとめてみよう（72〜73ページを参照）。

朝鮮王朝の王は全部で27人だが、その他に死後に追尊（後に尊号を受けること）されて王の称号を受けた人がいる。たとえば、徳宗《トクチョン》（7代王・世祖《セジョ》の長男）と荘祖《チャンジョ》（21代王・英祖《ヨンジョ》の息子の荘献《チャンホン》のこと）である。

その二人を加えて29人の王がいたと考えれば、王妃は44人にのぼっている。王の在位中に王妃が亡くなればすぐに新しい王妃を迎えたので、王より王妃のほうが人数が多いのである。

王妃になる過程で理想的なのは、まず世子《セジャ》（王の後継者）の妻（世子嬪《セジャビン》）になることだった。

美貌、教養、体型に恵まれた女性が有利であることは間違いないが、実家に力がありすぎる場合は敬遠された。王妃になったときに、外戚が政治に干渉しすぎることを警戒されたのである。

それだけに、世子嬪はほどほどの官職をもつ家庭の娘がいいとされた。

世子嬪に選ばれて宮中で何も問題を起こさなければ、世子が王になった時点で世子嬪は王妃になり、〝国母〟として尊敬を集める。

しかし、この〝何も問題を起こさなければ〟というのが意外と難しい。というのは、夫に寄り添いながら、男尊女卑の象徴とされている「七去《チルコ》之悪《ジアク》」をうまく避けなければならなかったからだ。

具体的に「七去之悪」を説明しよう。これは、夫が妻を離縁して追い出すことができる7項目のことで、朝鮮王朝時代には法律にもなっていた。その7項目は以下のとおりだ。

	王	在位期間	王妃	生没年	子供
15.	光海君(クァンヘグン)	1608～1623年	廃妃《ペビ》・柳《ユ》氏	1576～1623年	1男
16.	仁祖(インジョ)	1623～1649年	仁烈《インニョル》王后・韓《ハン》氏	1594～1635年	4男
			荘烈《チャンニョル》王后・趙《チョ》氏	1624～1688年	なし
17.	孝宗(ヒョジョン)	1649～1659年	仁宣《インソン》王后・張《チャン》氏	1618～1674年	1男6女
18.	顕宗(ヒョンジョン)	1659～1674年	明聖《ミョンソン》王后・金《キム》氏	1642～1683年	1男3女
19.	粛宗(スクチョン)	1674～1720年	仁敬《インギョン》王后・金《キム》氏	1661～1680年	3女
			仁顕《イニョン》王后・閔《ミン》氏	1667～1701年	なし
			禧嬪《ヒビン》・張《チャン》氏	1659～1701年	1男1女
			仁元《イヌォン》王后・金《キム》氏	1687～1757年	なし
20.	景宗(キョンジョン)	1720～1724年	端懿《タヌィ》王后・沈《シム》氏	1686～1718年	なし
			宣懿《ソヌィ》王后・魚《オ》氏	1705～1730年	なし
21.	英祖(ヨンジョ)	1724～1776年	貞聖《チョンソン》王后・徐《ソ》氏	1692～1757年	なし
			貞純《チョンスン》王后・金《キム》氏	1745～1805年	なし
	※荘祖(チャンジョ)	なし	献敬《ホンギョン》王后・洪《ホン》氏	1735～1815年	2男2女
22.	正祖(チョンジョ)	1776～1800年	孝懿《ヒョウィ》王后・金《キム》氏	1753～1821年	なし
23.	純祖(スンジョ)	1800～1834年	純元《スヌォン》王后・金《キム》氏	1789～1857年	1男4女
24.	憲宗(ホンジョン)	1834～1849年	孝顕《ヒョヒョン》王后・金《キム》氏	1828～1843年	なし
			孝定《ヒョジョン》王后・洪《ホン》氏	1831～1903年	1女
25.	哲宗(チョルジョン)	1849～1863年	哲仁《チョリン》王后・金《キム》氏	1837～1878年	なし
26.	高宗(コジョン)	1863～1907年	明成《ミョンソン》皇后・閔《ミン》氏	1851～1895年	1男
27.	純宗(スンジョン)	1907～1910年	純明孝《スンミョンヒョ》皇后・閔《ミン》氏	1872～1904年	なし
			純貞孝《スンジョンヒョ》皇后・尹《ユン》氏	1894～1966年	なし

※は死後に追尊（あとから尊号を受けること）されて王になった例です
(注)子供の人数は推定の場合もあります

	王	在位期間	王妃	生没年	子供
1.	太祖(テジョ)	1392～1398年	神懿《シヌィ》王后・韓《ハン》氏	1337～1391年	6男2女
			神徳《シンドク》王后・康《カン》氏	1356～1396年	2男1女
2.	定宗(チョンジョン)	1398～1400年	定安《チョンアン》王后・金《キム》氏	1355～1412年	なし
3.	太宗(テジョン)	1400～1418年	元敬《ウォンギョン》王后・閔《ミン》氏	1365～1420年	4男4女
4.	世宗(セジョン)	1418～1450年	昭憲《ソホン》王后・沈《シム》氏	1395～1446年	8男2女
5.	文宗(ムンジョン)	1450～1452年	顕徳《ヒョンドク》王后・権《クォン》氏	1418～1441年	1男1女
6.	端宗(タンジョン)	1452～1455年	定順《チョンスン》王后・宋《ソン》氏	1440～1521年	なし
7.	世祖(セジョ)	1455～1468年	貞熹《チョンヒ》王后・尹《ユン》氏	1418～1483年	2男1女
	※徳宗(トクチョン)	なし	昭恵《ソヘ》王后・韓《ハン》氏	1437～1504年	2男1女
8.	睿宗(イェジョン)	1468～1469年	章順《チャンスン》王后・韓《ハン》氏	1445～1461年	1男
			安順《アンスン》王后・韓《ハン》氏	？～1498年	1男1女
9.	成宗(ソンジョン)	1469～1494年	恭恵《コンヘ》王后・韓《ハン》氏	1456～1474年	なし
			斉献《チェホン》王后・尹《ユン》氏	1445～1482年	1男
			貞顕《チョンヒョン》王后・尹《ユン》氏	1462～1530年	1男1女
10.	燕山君(ヨンサングン)	1494～1506年	廃妃《ペビ》・慎《シン》氏	1472～1537年	2男1女
11.	中宗(チュンジョン)	1506～1544年	端敬《タンギョン》王后・慎《シン》氏	1487～1557年	なし
			章敬《チャンギョン》王后・尹《ユン》氏	1491～1515年	1男1女
			文定《ムンジョン》王后・尹《ユン》氏	1501～1565年	1男4女
12.	仁宗(インジョン)	1544～1545年	仁聖《インソン》王后・朴《パク》氏	1514～1577年	なし
13.	明宗(ミョンジョン)	1545～1567年	仁順《インスン》王后・沈《シム》氏	1532～1575年	1男
14.	宣祖(ソンジョ)	1567～1608年	懿仁《ウィイン》王后・朴《パク》氏	1555～1600年	なし
			仁穆《インモク》王后・金《キム》氏	1584～1632年	1男1女

・舅《しゅうと》や姑《しゅうとめ》に従わなかった
・子供を産まなかった
・淫行をした
・嫉妬深かった
・病気になった
・言葉で失敗をした
・盗みを働いた

この中でひとつだけでも該当すると夫は妻を追い出すことができた。それは王妃にも適用されることだった。

嫉妬深いだけで離縁されてしまうのだから、妻もたまったものではない。しかし、宮中でも過去に〝嫉妬〟を理由に王妃の座を追われた女性がいた。こんなことで追い出せるのなら、ささいなことでも何でも理由にされてしまう。

それだけに、王がいかに側室をたくさん抱えていても、王妃は決して嫉妬を見せてはいけなかった。

これは、女性としてどれほどつらいことだったか。古い時代とはいえ、忍従こそが朝鮮王朝時代の王妃の美徳とされたのである。

歴代王はどれだけの子供をもうけたのか

歴代王の子供の数を示しているのが76ページのグラフである。

このグラフを見ていて、顕著な特徴に気がつかないだろうか。朝鮮王朝のなかばまでのほうが、ずっと子供の数が多いのである。

朝鮮王朝の歴史では16代王・仁祖《インジョ》までを前期、それ以後を後期と分けることが慣例になっているが、それを適用してみると、朝鮮王朝前期には歴代王の子供が187人いるのに対し、後期には48人しかいない。後期のほうが非常に少なくなっている。これはどこに原因があったのか。

ひとつは、後期になるほど側室の人数が減ったことが響いている。歴代王の子供は、正室から81人生まれ、側室から154人生まれている。要するに、側室が正室の2倍近くの子供を産んでいるのだが、歴代王が抱える側室の数は前期には7～10人が普通だったのに、後期には平均で3人くらいになっていた。これだけ側室が少なくなると、必然的に生まれる子供の数も減ってしまう。

もうひとつの理由は、朝鮮王朝後期に儒教的な〝礼〟が厳しくなったことだ。たとえば、

歴代王の子供の人数

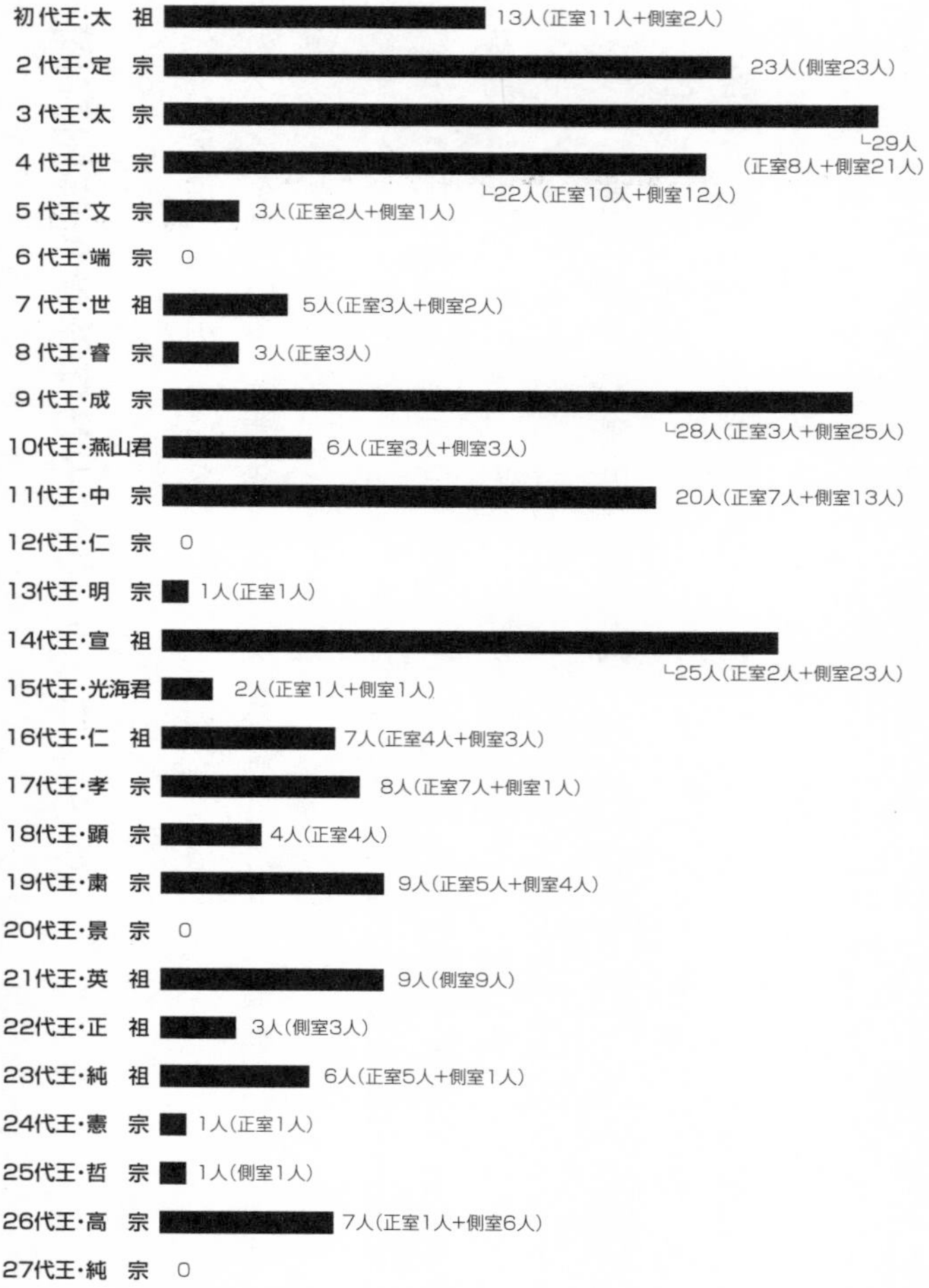
初代王・太　祖
13人（正室11人+側室2人）
2代王・定　宗
23人（側室23人）
3代王・太　宗
└29人
（正室8人+側室21人）
4代王・世　宗
└22人（正室10人+側室12人）
5代王・文　宗
3人（正室2人+側室1人）
6代王・端　宗
0
7代王・世　祖
5人（正室3人+側室2人）
8代王・睿　宗
3人（正室3人）
9代王・成　宗
└28人（正室3人+側室25人）
10代王・燕山君
6人（正室3人+側室3人）
11代王・中　宗
20人（正室7人+側室13人）
12代王・仁　宗
0
13代王・明　宗
1人（正室1人）
14代王・宣　祖
└25人（正室2人+側室23人）
15代王・光海君
2人（正室1人+側室1人）
16代王・仁　祖
7人（正室4人+側室3人）
17代王・孝　宗
8人（正室7人+側室1人）
18代王・顕　宗
4人（正室4人）
19代王・粛　宗
9人（正室5人+側室4人）
20代王・景　宗
0
21代王・英　祖
9人（側室9人）
22代王・正　祖
3人（側室3人）
23代王・純　祖
6人（正室5人+側室1人）
24代王・憲　宗
1人（正室1人）
25代王・哲　宗
1人（側室1人）
26代王・高　宗
7人（正室1人+側室6人）
27代王・純　宗
0

※子供の数は推定の場合があります

親族が亡くなったときに王は24カ月間も喪に服さなければならないが、このときには子供をつくることも禁じられた。

まだ寿命が長くない時代の2年間は今よりずっと貴重な時間だっただろうが、王はその間を禁欲的に過ごさなければならなかった。それが、結果として子供の減少につながってしまった。

グラフを見ればすぐにわかるが、端宗《タンジョン》、仁宗《インジョン》、景宗《キョンジョン》、純宗《スンジョン》には子供がいなかった。子供が29人もいた太宗《テジョン》とあまりに対照的だ。

また、宣祖の場合は25人のうち23人が側室から生まれている。英祖《ヨンジョ》に至っては、9人の子供はすべて側室が産んでいる。正祖も3人の子供はすべて側室から生まれており、それだけ側室を当てにせざるを得なかったのだ。

そんな側室頼みと違って、王妃でもたくさん子供を産んだ例もある。その上位3人は、昭憲《ソホン》王后・沈《シム》氏（4代王・世宗の正室／8男2女）、神懿《シヌィ》王后・韓《ハン》氏（初代王・太祖の正室／6男2女）、元敬《ウォンギョン》王后・閔《ミン》氏（3代王・太宗の正室／4男4女）である。朝鮮王朝も初期の頃には多産系の王妃が多かったということか。

このように統計で見ていくと、各王妃をさまざまな要素で比較できるとはいえ、当然のことながら、その人生を何から何まで統計で見通せるわけではない。〝王妃であることの苦悩と喜び〟は他の人には絶対にわからないことばかりであっただろう。

この章では、神徳王后《シンドク》・康氏《カン》と明聖王后《ミョンソン》・金氏《キム》という二人の女性を例にして、王妃の具体的な人生と宮中のしきたりを見てみよう。

朝鮮王朝創設時の王妃「神徳王后・康氏」（初代王・太祖の正妻）

1392年に高麗《コリョ》王朝を倒して朝鮮王朝を開いた李成桂《イソンゲ》。彼の妻として最初の王妃になった神徳《シンドク》王后・康《カン》氏は、李成桂にとても愛された女性だが、実は最初の妻ではなく二番目の妻である。それも、当時は「京妻」（〝都にいる妻〟という意味）と呼ばれる存在だった。

李成桂の最初の妻は、神懿《シヌィ》王后・韓《ハン》氏である。〝糟糠《そうこう》の妻〟とも呼べる存在で、高麗王朝の武将として出世街道を突き進む李成桂を支え続けた。

二人の間には6男2女がいたが、息子は上から芳雨《バンウ》、芳果《バングァ》、芳毅《バンウィ》、芳幹《バンガン》、芳遠《バンウォン》、芳衍《バンヨン》だった。

これだけの後継ぎ候補を産んだのだから、李成桂にとって神懿王后・韓氏は頼もしい妻であった。

李成桂をめぐる人物相関図

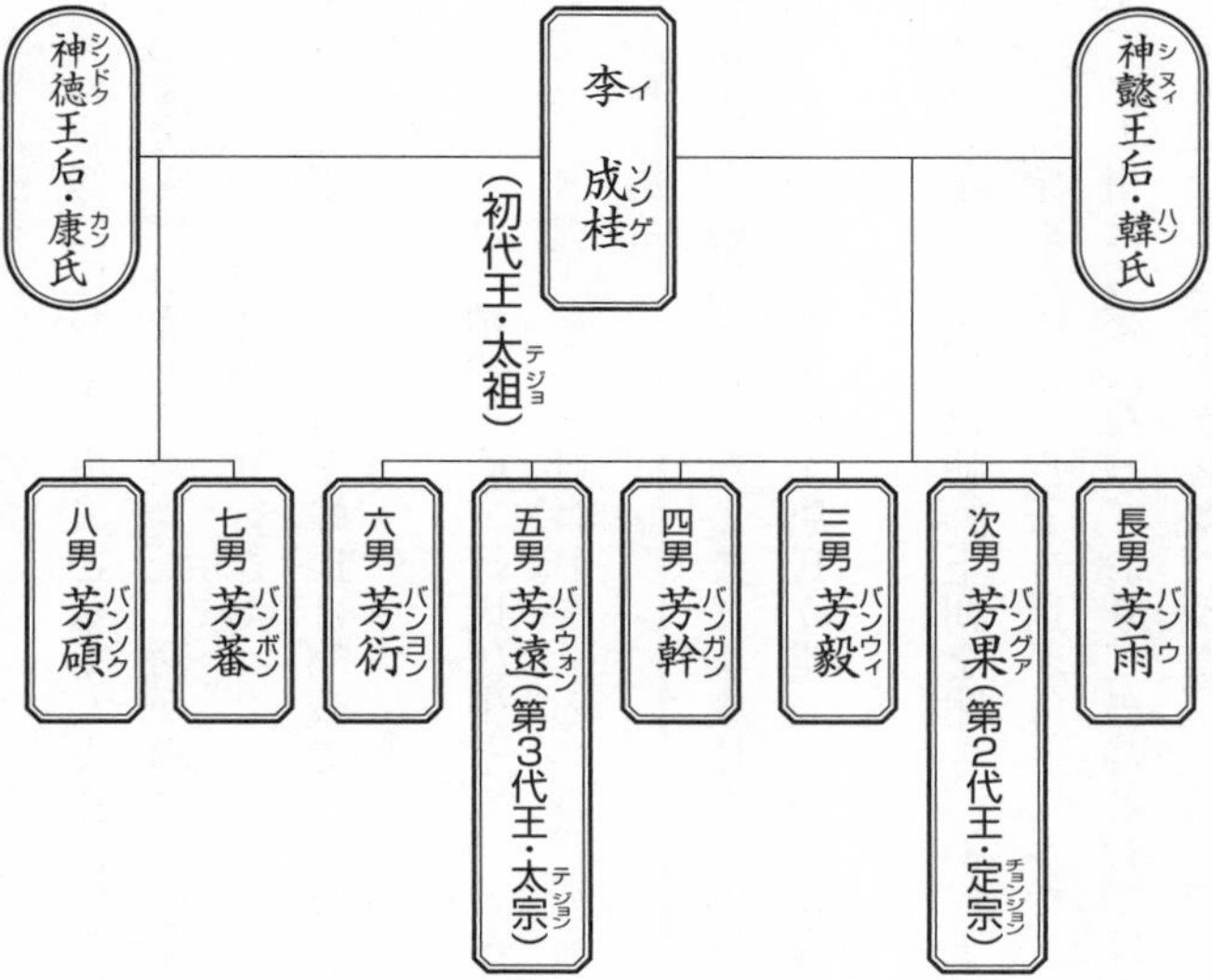

しかし、李成桂が青年期を過ごした高麗王朝の時代には、夫が複数の妻をめとることが認められていた。特に、高い官職に就いた人は故郷にいる妻の他に、都の開京《ケギョン》（今の開《ケ》城《ソン》）に第二夫人をもつ例が多かった。

その第二夫人として李成桂が開京に住まわせたのが神徳王后・康氏だった。李成桂はこの夫人との間に、七男の芳蕃《バンボン》、八男の芳碩《バンソク》をもうけている。

神懿王后・韓氏と神徳王后・康氏を比べてみると、家柄は神徳王后・康氏のほうがはるかによかった。それも当然で、李成桂は神徳王后・康氏の実家の財力を当てにして彼女を第二夫人に迎えているのである。

故郷の咸興《ハムン》に住む第一夫人と華やかな都に住む第二夫人。第一夫人は李成桂より2歳下で、第二夫人は21歳も下だった。あかぬけていて美人で若い第二夫人に李成桂の気持ちが傾いていくのは自然の成り行きだった。

1391年、神懿王后・韓氏は54歳で亡くなった。それは、李成桂が朝鮮王朝を開く1年前だった。

ということは、神懿王后・韓氏は生きているときに王妃になったわけではないのである。それでも〝神懿王后〟と呼ばれているのは、死後に追尊（あとから尊号を受けること）されたからである。

神懿王后・韓氏が亡くなるまで李成桂も一応は故郷にいる彼女に気をつかっていたが、第二夫人だった神徳王后・康氏が唯一の夫人になると、李成桂はおおっぴらに彼女を寵愛した。

1392年、李成桂は朝鮮王朝を開き、初代王・太祖《テジョ》となった。新しい王朝ができて彼が真っ先に始めたのは、世子を選ぶことだった。

すでに太祖は57歳になっており、当時としては老年であった。王朝を安定させるためにも、頼りになる後継者が必要だった。

意外にも、選ばれたのは八男の芳碩だった。そのとき、芳碩はわずか10歳にすぎなかったのだが……。

この決定は、創設まもない王朝を大いに混乱させた。誰が見ても、太祖の後継者にふさわしいのは五男の芳遠だったからだ。

芳遠は頭がよくて、行動力も抜きんでていた。高麗王朝を倒す過程で太祖は数多くの政敵を排除する必要があったが、そのときに一番働いたのが芳遠だった。最大の功労者だといっていい。

その芳遠をさしおいて、17歳も下の異母弟が世子に決まったのである。芳遠の怒りはすさまじかった。

太祖も、自分の決定に無理があることは承知していた。しかし、寵愛する神徳王后・康氏の嘆願をむげにすることができなかった。新しい王朝を建てたほどの豪傑も、惚《ほ》れ抜いた女性にはからっきし弱かったのだ。

神徳王后・康氏が二人の息子の中で最初に後継者にしたかったのは兄の芳蕃のほうだった。しかし、彼は素行に問題があって太祖の重臣たちが反対した。そこで、神徳王后・康氏は考えを変えて芳碩のほうを強く推薦し、太祖もそれを認めた。

ただし、芳遠がこの決定を黙って見過ごすわけがなかった。

彼は父に対して翻意を何度も要請した。この渦中で神徳王后・康氏と芳遠の対立は決定的になってしまった。

それでも、神徳王后・康氏の威光は大変なものだった。彼女は夫が自分を寵愛してくれていることを最大限に生かし、太祖の優秀な側近を味方に引き入れて、芳碩の世子としての立場を確実に固めていった。

陵墓まで格下げになった〝悲しき王妃〟

王妃になった女性がその瞬間から執着するのは、自分のお腹を痛めた息子を次代の王にすることだ。

神徳王后・康氏にとっては、夫が先妻との間に6人の息子をもうけていて、この6人がみな成人していることが難題だった。

「彼らの誰かが2代王になったら……。そのとき自分は排除される」

神徳王后・康氏はそう予測していた。ましてや、息子の芳蕃と芳碩にいたっては、どんな悲惨な目に遭うかもわからなかった。

「私が生きている間に息子を世子に決めておかなければ……」

神徳王后・康氏は用意周到に世子選びで主導権を握った。日頃から彼女の聡明さを買っていた太祖は、最終的に神徳王后・康氏の意向に沿う決定をした。朝鮮王朝最初の王妃であった神徳王后・康氏は、「自分の息子を世子にする」という一番大事なことを最初にやり遂げたのである。しかし、彼女に残された命は長くなかった……。

朝鮮王朝創設期を描いた韓国時代劇「龍の涙」には、第41話から第42話にかけて、病に苦しむ神徳王后・康氏の姿がしきりに出てくる。彼女は転地療養に向かう輿《こし》の中でつぶやく。

「天地の神々よ、こんな哀れな私にお慈悲を！　少しだけ、もう少しだけ生かしてください。世子が成人して王位に就くまで生きられるようにしてください」

その頃、宮中では気落ちした太祖が嘆いている。

「天地の神々は無情だ。どうして私より若い王妃を連れていこうとするのか。老いた私を残して……」

太祖は、自分がやつれるほど神徳王后・康氏のことを心配している。彼がどれほど妻を愛しているかをドラマは繰り返し強調していた。

一方、神徳王后・康氏の病状悪化の報を聞いて、太祖の先妻の息子たちも動きだす。特に芳遠は千載一遇の機会を逃すまいと私兵の強化を急ぐ。

「諸君、決戦は近づいている」

芳遠は強い決意を口にする。

死が近いことを覚悟した神徳王后・康氏は気力をふりしぼって叫ぶ。

「芳遠を殺してください。芳遠が生きているかぎり、世子が危ないのです。芳遠は死ななければなりません」

その絶叫には、息子の行く末を心配する母の心情がこもっていた。

死の床についた神徳王后・康氏は、太祖に先妻の息子たちを呼んでほしいと頼む。彼らが見舞いにやってくると、神徳王后・康氏は「これまで冷たくして申し訳なかった」と謝罪した。

「女というものは、心の狭い生きものだと思って許してほしい」

ここまで神徳王后・康氏が言うのは、芳碩の世継ぎを確実にしたいからだった。彼女は最後の力をふりしぼって「弟のことを頼みます」と懇願する。このときはまだ芳遠だけが不在だった。

そこに、彼が遅れてやってくる。神徳王后・康氏は意識が薄れる中で「世子のことをよろしく……」と言いながら息絶えた。その姿を芳遠は冷たげに見ていた。

史実に戻ろう。

1396年、神徳王后・康氏は40歳で世を去った。

死ぬ間際まで芳碩の行く末を案じていたが、そこまで心配するのも無理はなかった。芳遠がどんな手を使ってでも露骨に芳碩を排除しにくることがわかっていたからだ。

それだけに、死んでも死に切れない心境だっただろう。しかし、寿命だけはどうしようもなかった。

その妻を失い太祖は意気消沈し、政治の表舞台から自ら退こうとした。それは、芳遠にとって願ってもない好機を呼んだ。

結局、芳遠は1398年に決起した。異母弟の芳蕃と芳碩を殺し、彼らの側近も粛清して完全に政権を掌握した。

太祖はこの骨肉の争いを傍観しているしかすべがなかった。〝彼の時代〟は神徳王后・康氏の死とともに終わっていたのである。

用心深い芳遠は自分がすぐに王位に就かず、兄の芳果を二代王に祭り上げたうえで、1400年にようやく3代王・太宗《テジョン》となった。

彼は優れた政治的資質を発揮して、創設まもない朝鮮王朝の基盤整備に尽力した。そういう意味では、実力がともなった大統領型の王であった。同時に、これほど執念深い男はいない、と思わせるところがあった。その執念は、すでに亡くなっている神徳王后・康氏に向けられた。

太祖が存命中はおとなしくしていたのだが、1408年に父が73歳で亡くなると、とたんに神徳王后・康氏の陵墓を徹底的に貶《おとし》めた。

もともと、神徳王后・康氏の陵墓は王妃として最高の格式で都の中心部につくられた。これに我慢ならない太宗は、1409年以降に陵墓を次々と移し、その度に格下げにして初代王妃の名誉を傷つけた。

「殿下、かりにも朝鮮王朝最初の王妃です。なにもそこまで……」

側近たちは苦言を呈したが、太宗はこの件に関しては意見を聞かず、最後には神徳王后・康氏の王妃としての祭祀まで廃止させた。

それだけではない。陵墓の祭殿を壊し、石彫りの十二支神像も勝手に他の石橋に使ってしまった。太宗の恐ろしいまでの報復だった。

こうして神徳王后・康氏の墓はみすぼらしく放置されたままだった。芳蕃と芳碩は殺され、その母の墓は庶民以下の扱いだった。朝鮮王朝はずっと存続していくのだが、創設時の王妃は長く蔑《さげす》まれた。

しかし、〝孝〟を最高の徳目と考える儒教思想によって、神徳王后・康氏が復権する日がやってきた。

それは、18代王・顕宗《ヒョンジョン》（在位は1659～1674年）の時代だった。〝礼〟に細かい儒学者たちが「神徳王后・康氏に対する処遇は明らかに礼を失している」と王に直訴して、再び王妃にふさわしい格式で神徳王后・康氏の墓が整備されることになった。ここに至るまで約250年を要している。その間、〝悲しき王妃〟の魂はどこをさまよっていたのだろうか。

王宮に住む女官にとって最大の野望は何だったのか

韓国時代劇には王宮で働いている女官が本当に多く出てくるが、彼女たちの私生活を描くようなドラマはほとんどない。それによって、彼女たちの生活そのものが謎《なぞ》めいているのだが、恋愛事情はどのようになっていたのか。そのあたりを考えてみたい。

女官は、立場の上では王と婚姻しているとみなされていたので、他の男性と結婚はできなかった。これは、大前提であった。

もちろん、王宮で働いている官僚や使用人は男性ばかりなので、女官の間では異性に対する興味はとても強かったはずだが、その気持ちを抑えなければ、王宮では生きていけなかった。そういう意味では、女官は身を律するために生活を厳格に制限されてしまったのである。

「宮廷女官　チャングムの誓い」では、イ・ヨンエが演じたチャングムが、チ・ジニが扮するミン・ジョンホに恋心を抱くのだが、現実の王宮では、それは「禁じられた恋」に他ならなかった。それだけに、女官は辛い境遇だった。

さらにいうと、仮に女官が王以外の男性と肉体関係をもてば、王に対して不義を働いたという罪になり、斬首に処された。

まさに、女官が男性と関係をもつのは命がけだった。それでも、愛する人に一途になった女性はいる。その結果として女官が妊娠したときは、出産後100日を経てから処刑された。このあたりも容赦がない。

ところで、なぜ100日の猶予があったのだろうか。

実は、生まれた子供の授乳の時間を考慮されたのだ。そして、100日後には斬首の運命が待っていた。ひどい話だが、身分制度が厳格だった朝鮮王朝では、どうしようもないことであった。

さらに、生まれた子供も奴婢《ぬひ》にされる宿命を背負っていた。まさに、悲劇の連鎖《れんさ》であったといえる。

そして、女官と肉体関係をもった男性も、問答無用で打ち首となった。形の上では「王の女と姦通《かんつう》した」とみなされたのだ。

このように、露顕したら打ち首になるのだが、それでも恋に溺れる男女が王宮にはいつの世もいたのだ。

ところで、王宮にいる女官というのは、朝鮮王朝の国家公務員であった。政府から給料をきちんともらっていた。

その給料というのは、米や生地などの現物で支給されることがほとんどだが、それでも現金で直接もらうこともあった。

こうした現金は果たして何に使ったのか。

一番多かったのは化粧品だったという。王宮に出入りしている業者を通して、女官は自分が気に入った化粧品を買うのを楽しみにしていた。そこはやはり女心である。

さらに、切実な願いもあった。というのは、ほとんどの女官にとって、一番大きな野望は王の側室になることだった。

そのために必要なのは、自分を美しく見せることだった。そして、少しでも自分を魅惑的に見せるために、給料でもらった現金をせっせと使っていたのだ。それが女官の楽しみでもあった。

といっても、500人から1000人ほどいる女官の中で、王の側室になれるのは、本当にごくわずか。可能性はかぎりなく少なかった。それでも、ゼロではない。わずかでも望みがあるなら、精一杯に美しくありたいというのが、女官の生きる希望であったかもしれない。

それにしても、女官の生活は窮屈なことも多かった。その最たることが、宮中から出ることができなかったということだ。ずっと、王宮の中だけで生活しなければならなかった。いわば、「カゴの中の鳥」である。それが宿命であった。

そうやって、女官は老いるまで王宮で暮らし、病気になるとお役御免で外に出されてしまった。しかし、どこへ移ればいいのか。帰っていける場所がある人は幸せである。多くの女官はやめさせられた後は身内を頼るしかなかった。その身内もいれば幸いで、長い王宮暮らしの中で身内もいなくなっていれば、女官は王宮の外に出て路頭に迷うしか手立てがなかった。

そういう意味でも、多くの女官は寂しい晩年を過ごさなければならない運命だった。

すべての望みをかなえた「明聖王后・金氏」（18代王・顕宗の正妻）

王妃として理想的な人生とは何だろうか。

それは、一にも二にもまずは世子嬪《セジャビン》に選ばれることだった。そうすれば、世子である夫が王になったときに、自分も王妃に昇格することができる。

これで女性最高の望みをかなえたかというと、まだ不足していることがあった。それは、自分の息子が夫に続いて王に就くことである。そうなれば、自分は大妃《テビ》となり、死ぬまで権力を維持できる。

そういう意味では、世子嬪→王妃→大妃と移っていくことが、朝鮮王朝では女性最高のエリートコースといえるだろう。

意外なことなのだが、このエリートコースを歩んだ女性はたった一人

明聖王后・金氏をめぐる人物相関図

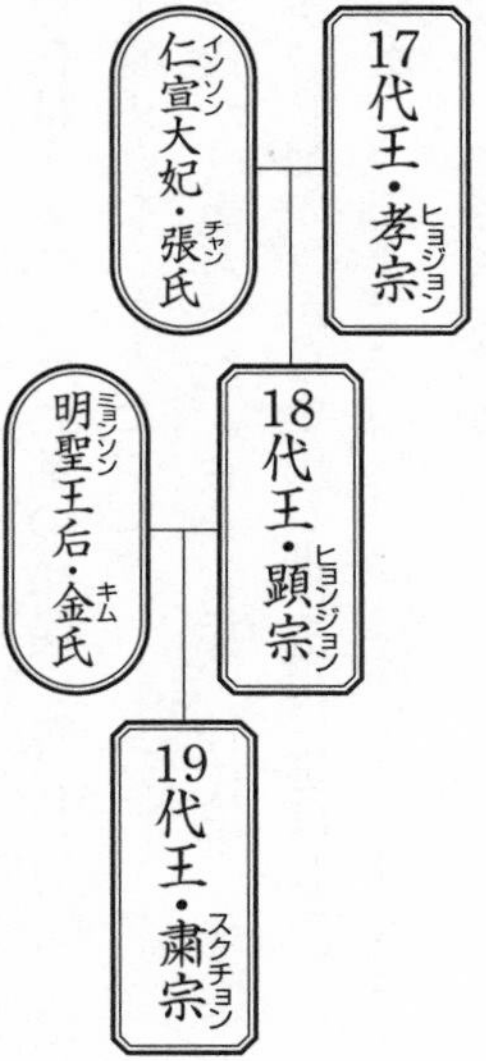

しかいない。それは、18代王・顕宗《ヒョンジョン》の正室だった明聖王后《ミョンソン》・金《キム》氏である。

金氏は1642年に都の漢陽《ハニャン》（現在のソウル）で生まれた。父の金佑明《キムウミョン》は科挙に合格して官吏となった人だった。

金氏が9歳だった1651年、17代王・孝宗《ヒョジョン》の長男で10歳だった棩《ヨン》が世子になった。数多い候補の中から金氏が世子嬪に選ばれた。

しかし、ここで安心してはいけない。過去に世子嬪になりながら王妃への道を閉ざされた女性が数多くいたからだ。

大切なことは、宮中で悪い噂を流されないこと。周囲に気に入ってもらえれば、追放の憂き目に遭うことはない。そして、しかるべき時期に息子を産めば、世子嬪としての地位も盤石になるのだ。

宮中での世子嬪の暮らしとは、どういうものだったのだろうか。

世子嬪が住む宮殿のことは嬪宮《ビングン》と呼ばれた。ここには、内侍府《ネシブ》から内侍《ネシ》が8人ほど来て門番から雑役までこなしてくれたし、その他に多くの女官が働いていた。

内侍府というのは、宮中にある官庁のひとつで、食事の監督、命令の伝達、門番、掃除などを担当した。実務担当者はすべて内侍（宦官《かんがん》）であった。

宦官とは去勢された内官のことで、朝鮮半島では中国の王朝にならって古代の新羅から宮廷内で働いていた。特に、高麗王朝ではその数が多かったようだが、朝鮮王朝もその制度を受け継いだ。

去勢されているので女性の周辺にも安心して配置することができたが、中にはその立場を利用して政治に介入したり私腹を肥やしたりする宦官もいて、世子嬪としても警戒を怠ってはいけない対象だった。

もうひとつ、世子嬪が気をつけなければいけなかったのが、女官との同性愛だった。それほど宮中では同性愛が多かったのである。そもそも女官の暮らし自体にそれを生む下地があった。

宮中で働く女官は、早ければ5歳くらいで〝見習い〟になる。下働きとして厳しく躾《しつ》けられたうえで、15年くらいで内人《ネイン》になり、正式な女官として認められる。この頃にはたいてい20歳くらいになっている。

さらに仕事に励み、15年ほどで尚宮《サングン》になることができた。ここまで出世すると、個室を与えられて侍女を置くことも可能だった。この時点で35歳くらいになっている。

つまり、それまでの30年ほどは男子禁制の場所で女官同士が相部屋で暮らさざるを得なかった。

そうした生活の中で、同性との愛に安らぎを求める女官も多かった。その風潮が世子嬪に及ぶこともあった。

過去にも、同性愛によって世子嬪を廃された女性がいた。そうした実例を反面教師にして、金氏は自分の身辺からわざわいとなりそうなことを遠ざけた。そのうえで、王族の女性として立ち居振る舞いに気をつけた。

ただし、世子嬪には勉学の時間があまりなかった。世子が朝から晩まで帝王学をみっちり仕込まれるのとは大違いである。

「女に学問はいらない」

それが朝鮮王朝時代の常識で、王族といえども例外ではなかった。

また、政府の高官たちは、王妃が学識を備えすぎて政治に介入するのを警戒する気持ちがとても強かった。

そのあたりは金氏もうまくわきまえており、彼女は処世術に長けていて周囲ともうまく付き合った。

１６５９年、棩は18代王・顕宗として即位した。金氏は17歳で明聖王后となったが、決して浮かれてはいなかった。まだ嫡男《ちゃくなん》を出産していなかったからだ。

王妃から生まれなければ、側室から生まれた男子が王を継承することになる。これは金氏にとって、耐えられない屈辱だった。

高麗王朝時代は一夫多妻制であったが、朝鮮王朝になると一夫一婦《いっぷいっぷ》制が採用され、王といえども複数の妻を抱えることはできなくなった。こうなると、男子の直系を後継者として残すことが難しくなる。そこで、朝鮮王朝の初期から王が多くの側室をもつことが奨励されるようになった。聖君と称される4代王・世宗《セジョン》でも、9人もの側室がいたといわれている。

側室は名家出身の娘が多かったが、王に引き立てられればそれだけ実家が王朝内で優遇された。まさに実家の隆盛を担っていたのである。

その側室は、王にいかに愛されているかによって品階がまるで違った。具体的には、次のようになる。

正一品／嬪《ピン》、従一品／貴人《キイン》、正二品／昭儀《ソウィ》、従二品／淑儀《スギ》、正三品／昭容《ソヨン》、従三品／淑《ス》容《ギョン》、正四品／昭媛《ソウォン》、従四品／淑媛《スグォン》。

前記のとおり、側室の最高位は〝嬪《ピン》〟と呼ばれ、名前に嬪ともう一字を付けることが許された。たとえば、張禧嬪《チャンヒビン》のようにである。

それ以外の側室は、品階をそのまま名にした。よって、名を見ればその側室の品階がすぐにわかった。

側室にしてみれば、王の寵愛を独り占めにして品階を上げたいというのが最大の願望だった。その一番の方法は、王との間で男子を産むことである。

それだけに、王妃としても側室の動きが気になって仕方がなかった。

ただし、明聖王后・金氏の場合、それ以上に頭痛の種になっている存在があった。それが、姑の仁宣大妃《インソン》・張氏《チャン》だった。

〝大妃《テビ》〟は王の母親を示す尊称で、夫の孝宗が亡くなって息子の顕宗が王位に就いたので張氏は仁宣大妃となったのである（ちなみに、王の祖母のことは大王大妃《テワンテビ》という）。

この仁宣大妃・張氏は、嫁の明聖王后・金氏から見れば本当に口うるさい姑だった。いつも文句ばかり言われて閉口した明聖王后・金氏。やっかいな姑が生きているかぎり、彼女の気が休まるときはなかった。

そんな鬱屈《うっくつ》した日々の中で、明聖王后・金氏はようやく懐妊《かいにん》した。嫡男誕生の期待も高まり、王妃の存在感が一気に増した。

王妃の息子は王宮でどのように育てられるのか

明聖王后・金氏は胎教に専念した。朝鮮半島では昔から胎教を重視していて、王妃ともなればなおさらだった。

大切なのは、身と心を清く保つことだった。王妃は身体を清潔に保ち、見苦しいものを見ないように心掛けた。

もちろん、食事には細心の注意を払った。料理には旬の材料だけを使い、食べ合わせが工夫された。牛肉と米飯、豚肉と稗《ひえ》飯がよく合うとされていた。

出産が近づいてくると、王宮内に臨時の産室庁《サンシルチョン》が設置され、出産準備が本格的に始まった。産室庁の中心を担うのは最高官職の三政丞《サムジョンスン》と王の主治医たちだった。

この三政丞とは、領議政《ヨンウィジョン》、左議政《チャウィジョン》、右議政《ウウィジョン》をさしている。すべての官僚を統率して政治を取り仕切った最高官職だ。ランクからすれば、総理大臣にあたる領議政がトップで、その下に左議政と右議政が続いた。

産室庁の協力を得ながら、明聖王后・金氏は1661年に長男を出産した。このように、王妃が産んだ嫡男は元子《ウォンジャ》と呼ばれた。王の後継ぎになるナンバーワンの候補ということである。

元子が生まれると、梅、桃、クルミ、スモモの木の根、猪《いのしし》の胆嚢《たんのう》などが入った産湯で身体を洗った。

産着は、無病で長生きしている官吏が着ていた服からつくられた。長寿の人がもっている「気」を受け継ぐためである。また、服の再利用で王室が倹約していることを示すねらいもあった。

王妃が出産時に使用した敷物は大切に保管され、元子のへその緒《お》も厳重に管理された。元子のすこやかな成長を願う祈祷《きとう》が全国各地で行なわれ、王室は大規模な赦免令を出して喜びを民と共有した。

明聖王后・金氏が産んだ元子は焞《スン》と命名された。後の19代王・粛宗《スクチョン》である（粛宗は時代劇「トンイ」でもお馴染みである）。

明聖王后・金氏の立場は盤石になったが、彼女は何ごとにもでしゃばらず謙虚に暮らした。仁宣大妃・張氏の横やりを恐れたからだ。

「この子が世子になるまでは、どんな波風も立てたくない」

明聖王后・金氏はわが子が王になるためなら、どんな我慢もいとわなかった。

その間に、元子の養育を担当する輔養庁《ポヤンチョン》という役所もつくられた。その担当者は焞と同じ年頃の子供5人をともなって定期的にやってきて、子供同士で一緒に遊ばせながら元子の成長を見守った。

やがて元子が字を学べる年になると、輔養庁は講学庁《カンハクチョン》となり、徹底的な英才教育が始まる。その状況を見ながら、いよいよ世子への任命が政府内で論議される。

1667年、焞は6歳になった。この年、高官から「焞が世子にふさわしい」という建議があり、顕宗は吉日を選んで正式に世子を決定した。明聖王后・金氏は大いに喜び、聡明な息子が将来の名君になってくれることを信じて疑わなかった。

息子の在位が長くなれば母は最高の幸せを味わう

顕宗と明聖王后・金氏は、一人の息子と三人の娘に恵まれた。この当時は、朝鮮王朝がいつも悩まされた異民族の侵攻がなく、内政面でも社会が安定していた。いわば、平和な時代だったのである。

顕宗と明聖王后・金氏は、朝鮮王朝時代の王と王妃の慣例に従って、寝室が別で生活空間がまったく離れていたが、心は通い合っていた。

1674年、仁宣大妃・張氏が世を去った。もはや明聖王后・金氏に歯向かえる人はいなかった。ただ、夫まで姑の後を追うようにすぐ亡くなったのは衝撃だった。

この急死にともない、焞は13歳で19代王・粛宗《スクチョン》として即位し、金氏は明聖大妃となった（以後は明聖大妃・金氏と表記）。王の母とはいっても、まだ32歳という若さだった。

大妃となったことで、今まで抑えてきた感情が一気に噴き出した。女性の立ち入りを禁止されていた政庁にまで出掛けて閣議に口を出し、大臣たちから猛烈な抗議を受けたこともあった。

そんな明聖大妃・金氏が後に執念を燃やしたのが、息子の粛宗が寵愛する張禧嬪《チャンヒビン》を追い落とすことだった。

「あの女は絶対にわざわいをもたらす」

そう言って徹底的に毛嫌いしていた。そのあたりは、時代劇「トンイ」でも前半の主要なストーリーに組み込まれていた。

明聖大妃・金氏は常に王室の中心を歩いてきて、どんな人間が権力をねらって暗躍するかを骨の髄まで知り尽くしていた。だからこそ、彼女は野心がありすぎる女性を警戒したのである。

息子の粛宗は若くして王位に就き、高官同士の闘争が激しくなる中でも、王権の強化に一応の成果を見せていた。ただ、王として薄氷の上を歩いていることに変わりはなかった。党争が多く、顕宗の時代とは王を取り巻く環境があまりに違いすぎたのだ。

それなのに、特定の側室に心を奪われてしまったら、その後の王室がどんなに混乱することか。明聖大妃・金氏も張禧嬪を目の敵《かたき》にした。

ただ、粛宗のことをいたわりすぎる気持ちが、かえって自分の寿命を縮める結果になった。

それは1683年のことだった。粛宗は原因不明の病で重い症状に陥った。助けたい一心で巫堂《ムダン》（朝鮮半島において、霊を通して死者と接触するとされた巫女《みこ》）にすがった明聖大妃・金氏は、「母の体内にわざわいが入っていて、それが息子を苦しめている」と言われた。

わざわいを解き放す方法は水浴びだけ。そう指示された明聖大妃・金氏は真冬にもかかわらず何日も冷たい水を浴びた。これが身体を衰弱させて、明聖大妃・金氏は床に伏せるようになった。

その反対に、粛宗は病気が治り、健康を取り戻した。明聖大妃・金氏は自分の身体を身代わりにしたのである。

明聖大妃・金氏は41歳で亡くなるが、最期

まで粛宗が張禧嬪に籠絡《ろうらく》されないことを願い続けていた。

世子嬪から王妃を経て大妃となり、その末に世を去った明聖大妃・金氏。この経歴を誇ったのが朝鮮王朝でたった一人という事実を見ても、彼女は女性として一番難しいことを確実にやり遂げたといえる。

張禧嬪が粛宗にわざわいをもたらすと見抜いた点もさすがだった。粛宗は明聖大妃・金氏に似て聡明で、王妃にした張禧嬪を遠ざけることで、その後の火種を防いだ。その結果、粛宗の治世は46年に及んだ。

これは、21代王・英祖《ヨンジョ》の52年に続いて朝鮮王朝27人の王の中で二番目の長さである。

息子の王位がこれほど続いたのだから、明聖大妃・金氏は草葉の蔭でさぞかし喜んでいたことだろう。

朝鮮王宮なるほどQ&A（2）

Q. 王や世子が嫁を選ぶときになぜ全国で結婚が禁じられたのですか。

A. それは「禁婚令」と呼ばれていました。王や世子が結婚する時期を迎えたら、まず、王家に嫁を出せる身分（貴族階級ともいえる両班《ヤンバン》がほとんど）の家に対して禁婚令が出され、娘の結婚が禁じられました。

それは、王家が最高の条件をもった娘を全国から選《え》りすぐって嫁に迎えるという意思を鮮明にするためでした。

ただし、実際に対象とする年齢にはばらつきがありました。世子は10歳前後に結婚することが多かったので、禁婚令が出されたのは通常8歳から12歳までの娘に対してでした。また、王の場合は初婚にしても再婚にしても10代の娘を嫁にしましたので、実際に禁婚の対象となったのは10代の娘だけでした。

このように禁婚令を出したうえで、両班の家に対しては結婚適齢期を迎えている娘の有無を自己申告させました。そうした書類を審査したうえで、面接試験に呼ぶ娘を選んだわけです。

ただし、朝鮮王朝の歴史を見ると、王家に嫁に出したばかりに実家が没落してしまった例がいくつもあります。

それは、王家の相続問題などのとばっちりを受けた結果です。それゆえ、王家に嫁を出すことを敬遠したいと考える両班もあったようで、娘の存在を素直に自己申告しない家もあったと推測されます。

Q・側室には「嬪、貴人、昭儀……」などの品階名があったそうですが、それぞれはどう違うのですか。

A・王宮にいる女官には正一品から従九品まで18段階の品階がありました（一品から九品までの品階にはそれぞれに〝正〟と〝従〟があり、すべて合計で品階が18になります。なお、〝従〟は〝正〟より下の位です）。この中で、正五品から下は実際に王宮で労働をする女官たちです。「宮廷女官　チャングムの誓い」でお馴染みの尚宮《サングン》は正五品になっており、働く女官のトップでした。

	正	従
一品	嬪《ピン》	貴人《キイン》
二品	昭儀《ソウィ》	淑儀《スギ》
三品	昭容《ソヨン》	淑容《スギョン》
四品	昭媛《ソウォン》	淑媛《スグォン》

一方、正一品から従四品までの品階をもつ女官は、実際に労働をするわけではありません。なぜなら、彼女たちはすべて王の側室だからです。それぞれの品階の名称は表の

とおりです。

表を見てわかるように、側室の最高位は正一品の〝嬪〟です。その多くは王子を産んだ女性であり、名前の中に〝嬪〟ともうひとつの漢字をつけることが許されました。張禧嬪《チャンヒビン》や淑嬪《スクビン》・崔氏《チェ》などがその例です。

基本的に、側室の品階は王にどれだけ寵愛されてどんな子供を産んだかによって決められます。王子を産んだ場合、王女を産んだ場合、子供を産んでいない場合などによって明らかな差がつくわけです。また、実家の身分によっても側室の品階は違っていました。実際、朝鮮王朝の前期には王が10人近くの側室をもつ例が多かったので、このように側室の品階を8段階に分ける必要があったのでしょう。

Q. 朝鮮王朝時代に人々はどんな靴を履《は》いていましたか。

A. 韓国時代劇を見ればよくわかりますが、王や高官たちはブーツのように履き口がとても高い靴を履いています。これは〝木靴《モッカ》〟と呼ばれるもので、動物（主に鹿）の皮革でつくられたものです。また、王妃をはじめとして王族の女性たちは、着脱が簡単な〝タンヘ〟と呼ばれる靴を履きました。これは動物の皮革か絹織物でつくられていました。
一方、庶民が履いていた靴は、藁《ワラ》でつくった〝チプシン〟、麻でつくった〝ミトゥリ〟、木でつくった〝ナマクシン〟などです。この〝ナマクシン〟には、下駄《げた》のように底に二枚の歯がついていました。

このように、王族と庶民では、靴の素材がまったく違うことがよくわかります。

＜靴の種類＞

第3章

悪女から妖女まで王宮にはこんな人がいた！

最悪の暴君を産んだ「斉献王后・尹氏」（9代王・成宗の正妻）

人気時代劇の「宮廷女官　チャングムの誓い」は、冒頭で元王妃が毒をあおって死ぬ場面から始まる。元王妃は拒むのだが、強制的に毒を飲まされて、苦悶《くもん》の中で息絶える。とてもショッキングなシーンだったが、この元王妃が一時は9代王・成宗《ソンジョン》（在位は1469〜1494年）に愛された斉献《チェホン》王后・尹《ユン》氏である。

彼女が歴史に強烈な名を残しているのは、自らの罪により廃妃になっていることと、暴君と称された10代王・燕山君《ヨンサングン》の母であったことだ。彼女の生きざまが朝鮮王朝に残した禍《か》根《こん》はあまりに大きかった。

斉献王后・尹氏の父は優秀な学者だったが、若くして世を去った。実家が生活に困窮し、彼女は宮女として働き始めた。大変な美貌の持ち主だったようで、成宗の寵愛を受けて1473年に側室となった。

年齢は斉献王后・尹氏のほうが成宗より12歳も上だったといわれている。1473年というと、成宗は16歳であり、彼の正室だった恭恵《コンヘ》王后・韓《ハン》氏は17歳だった。

成宗は随分と年上の女性が好みだったことになるが、12歳で即位して大人たちの間で重圧を感じてきた彼にとって、物ごとをわきまえている斉献王后・尹氏はさぞかし頼りになるヌナ（姉さん）に思えたことだろう。

１４７４年、恭恵王后・韓氏がわずか18歳で亡くなり、斉献王后・尹氏の運命もガラリと変わった。彼女は王妃となり、１４７６年には成宗との間に㦕《ユン》を産んだ。この息子こそが、後の燕山君である。

学者の家庭で育ち本来は理知的なはずだった斉献王后・尹氏だが、世子を産んで徐々に増長するようになった。

嫉妬深い本性があらわになってきた、といえるかもしれない。彼女は、成宗の側室に対して異常なほど警戒するようになった。その傾向は、成宗が斉献王后・尹氏のもとをあまり訪ねてこなくなると顕著になった。

その頃、成宗の心を奪っていたのは、側室の厳《オム》氏と鄭《チョン》氏だった。

斉献王后・尹氏をめぐる人物相関図

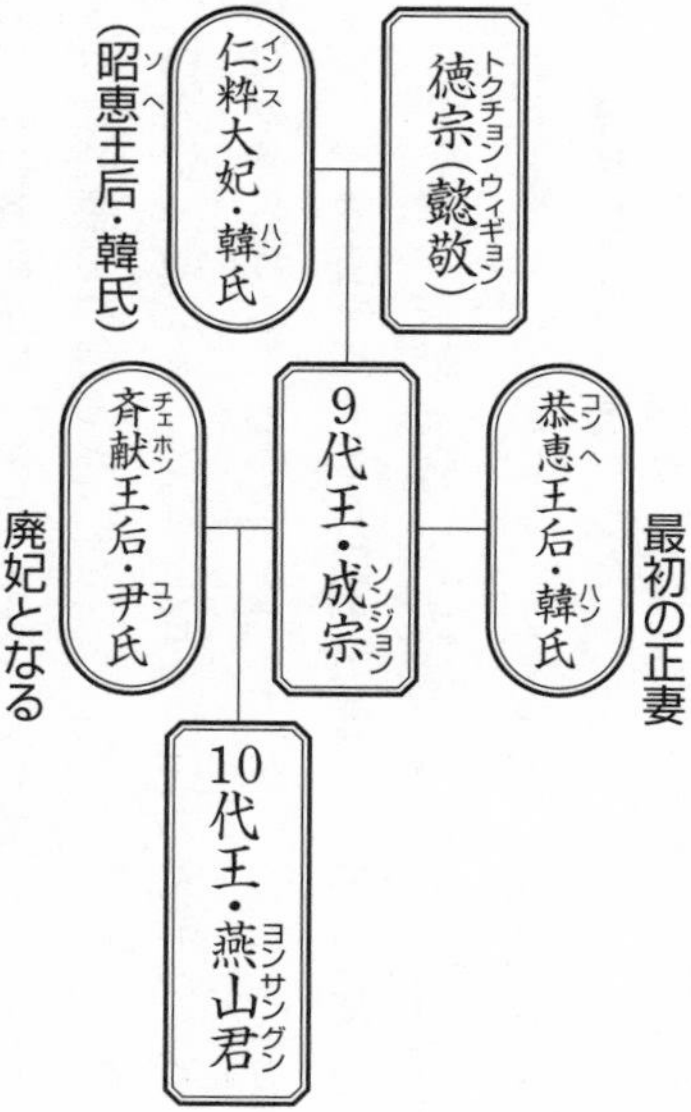

この二人は斉献王后・尹氏を嫌っていて、成宗の母である仁粋《インス》大妃・韓《ハン》氏に何かと斉献王后・尹氏の悪口を言った。

仁粋大妃・韓氏も、斉献王后・尹氏の家柄が貧しいことを軽蔑していて、側室の二人の口車に乗せられることが多かった。

やがて、成宗をめぐる女同士の戦いが熾烈になった。

1477年、斉献王后・尹氏は実母の申《シン》氏の協力を得ながら、厳氏と鄭氏を陥れる策略を実行に移した。それは、二人が斉献王后・尹氏と息子を殺そうとする陰謀をたくらんでいると見せかけることだった。

宮中は大騒ぎとなったが、ボロを出してしまったのは斉献王后・尹氏のほうだった。久しぶりに訪れてきた成宗が、たまたま斉献王后・尹氏の部屋で陰謀を証拠づける書類を見つけてしまったのだ。

それを合図に彼女の部屋を徹底的に調べてみると、人を毒殺するときによく用いられる砒素《ひそ》と、人を呪うときに使われる呪術的な本が出てきた。これによって、成宗は斉献王后・尹氏をまったく信用しなくなった。

当時の世の中では、人を貶《おとし》めるために呪術的な祈祷をすることが大きな罪になった。もともと、朝鮮半島では巫女を通じて霊的な存在（あるいは死者）と接触するシャーマニズムが根強く生活に浸透していて、呪術的な祈祷は効力を発揮すると信じられてきた。それだけに、人を呪うための祈祷を行なうことは許されなかったのである。

直情型の成宗は、正妻を庶民に格下げする意向を示した。しかし、側近の高官たちが「前例にない」という理由で猛烈に反対し、結局は斉献王后・尹氏も不問となった。ただし、彼女の母は王宮への出入りが禁止された。

これによって、斉献王后・尹氏はますます孤立した。一時は激怒した成宗だったが、時間が経つにつれて怒りが薄れ、斉献王后・尹氏の誕生日に祝いにかけつけた。それほど気をつかったわけだが、心を戻してくれたわけではなかった。成宗は相変わらず厳氏と鄭氏のもとに通っていた。

このことを知らされて冷静さを失った斉献王后・尹氏は、おそれ多くも成宗の顔をひっかいてしまった。傷が残り大騒ぎになった。

「殿下の尊顔を傷つけるとは前代未聞の大罪。すぐに宮中から追放しなさい」

強硬にそう主張したのが仁粋大妃・韓氏だった。成宗も同調し、1479年に斉献王后・尹氏の廃妃が決定した。

王宮を追い出された斉献王后・尹氏は本当に惨《みじ》めだった。政府から何の援助も受けられず、彼女は母と一緒に貧しい生活を強いられた。嫉妬深い性格がわざわいしたとはいえ、かつて王妃であった女性は信じられないくらい没落した。

ただし、1482年になると、彼女を哀れむ声が宮中でも起こってきた。なにしろ、斉献王后・尹氏が産んだ長男は世子として成長しているのである。近い将来に王になることが間違いないだけに、その生母が貧しい庶民と同様な生活をしているのはあまりに不自然だった。

成宗の命を受けた官吏が斉献王后・尹氏の生活ぶりを見に行った。

「過ぎたこととはいえ、私があまりに浅はかなことをしでかしてしまい、今はこのように謹慎しております」

斉献王后・尹氏は涙まじりに何度も反省の弁を述べた。その姿は、そばで見ていても痛々しいほどだったという。

官吏は見たとおりのことを成宗に伝えるつもりだった。しかし、宮中に戻ると仁粋大妃・韓氏が待ち構えていた。

「そちが何を見たか知らないが、殿下には、『彼女はまったく反省の気持ちがありません』と上奏しなさい。さもないと……」

官吏はそう脅《おど》かされた。さらに、厳氏と鄭氏がやってきて、官吏は金銀で買収された。

斉献王后・尹氏の家で神妙に反省の弁を聞いた官吏は、成宗の前では、ありもしないことを並べ立てた。

「いつか恨みを晴らすと息巻いていました。わが子が王になれば、宮中を騒がせるのは間違いありません」

嘘《うそ》の報告を受けて、成宗は斉献王后・尹氏に対する同情をすっかりなくしてしまった。それればかりか、「生きていればかならず禍根《かこん》を残す」と考えるようになった。もはや下す裁可はひとつしかなかった。

再び官吏が斉献王后・尹氏のもとを訪ねた。母と娘は「宮中に戻れるに違いない」と小躍りして迎えた。しかし、官吏が差し出したものは恩赦の書面ではなく、「自ら死を選べ」という賜薬《サヤク》だった。

これは、毒薬によって自決させられる死刑のこと。対象は王族や高官で、王が毒薬を下賜するという意味で〝賜薬〟と呼ばれている。

毒薬の中身は、砒素《ひそ》や水銀など。韓国時代劇を見ていると、賜薬を飲まされた人がその場ですぐ死ぬが、決して即効性のある毒薬ではなく、実際に息が絶えるまでには数時間かかった。その間に苦しみ抜くので、むごい刑罰でもあった。普通は、罪人の流刑地に賜薬を届けて死刑に処すが、ときには罪人が流刑地に向かう途中で止まらせて、無理に賜薬を飲ませることもあった。

朝鮮王朝時代は高官同士による権力闘争がずっと続いたが、党争が特に激しい時期には多くの人が賜薬で死刑になっている。

斉献王后・尹氏も王妃のときに間違いを犯した。その末に、朝鮮王朝で初めて廃妃になり、さらに賜薬により死を迎えた。

「私の恨みを晴らしてください」

そう言い残して毒をあおいだ斉献王后・尹氏。彼女の恨みを晴らせるのは、わが子しかいなかった。

彼は廃妃の息子であっただけに、世子にふさわしくないという論議が王朝内で噴出したのだが、成宗は〝正室から生まれた長男〟という事実を重視して、世子の資格を変えなかった。

1494年、成宗が世を去り、代わって10代王・燕山君が即位した。彼は、斉献王后・尹氏が毒をあおいで息絶えたとき、わずか6歳にすぎなかった。幼かったので、実母が死に至ったいきさつをまったく知らなかった。

それは、18歳で即位したときも同様だった。宮中では斉献王后・尹氏の死は禁句となっていて、その真相は闇に葬られていた。

また、成宗も死に際して、廃妃問題を今後100年間は論じてはならないと遺言を残していた。そういう背景もあり、燕山君が母の死にまつわる話を知らないのも無理はなかった。

しかし、功をあせる奸臣《かんしん》はどの時代にもいるもので、任士洪《イムサホン》という男が燕山君に近づき斉献王后・尹氏の死のいきさつを告げ口してしまった。

初めて真相を知った燕山君は逆上した。もともと血の気が多くて傲慢な王だったので、母の死に関係した者たちを調べあげて、徹底的な報復を始めた。

真っ先に標的になったのが厳氏と鄭氏だった。二人は宮廷の庭に引っ張りだされ、無残に殺された。その直後には仁粋大妃・韓氏も燕山君の頭突きを受けて卒倒した。彼女は数日後に帰らぬ人となった。

祖母にも暴力をふるった燕山君。その後の惨劇は朝鮮王朝で最もむごたらしいものとなった。生きている者は斬首され、すでに死んだ者は墓を暴かれたうえに首をはねられた。1504年に起こったこの出来事は「甲子士禍《カプチャサファ》」と呼ばれている。

この惨劇は、本当に斉献王后・尹氏が望んだものだったのだろうか。彼女は死の22年後にようやく燕山君によって名誉を回復され、王妃にふさわしい陵墓も整備された。しかし、その待遇も長くは続かなかった。1506年、暴政が続いた燕山君はクーデターによって王位を追われ、江華島《カンファド》に流刑となった。そして、同じ年に30歳で死去した。

この事態を受けて、斉献王后・尹氏の扱いもまた変わった。彼女は再び庶民の身分に落ち、墓も格下げとなった。今では廃妃《ペビ》・尹氏という呼ばれ方が一般的である。

結局、母子は王妃と王となりながら、ともに廃されて惨めな最期を迎えた。頂上にふさわしくない者がそこに立つとどんな結果になるかということを、如実に示す実例になってしまった。自業自得といえばそれまでだが……。

民衆から憎まれた悪女の象徴「張緑水」（10代王・燕山君の側室）

張緑水《チャンノクス》は、とても貧しい家の出身だ。あまりの貧しさに、身体を売って糊口《ここう》をしのぐ日々が続き、やがて斉安大君《チェアンテグン》の屋敷で働く奴婢《ぬひ》（朝鮮王朝時代の最下層の身分）の妻となった。

斉安大君は9代王・成宗《ソンジョン》のいとこであり、高い品階をもっていたので、張緑水は奴婢といえども生活に困窮することはなくなった。しかし、上流階級の生活を間近に見たことで、張緑水の欲望に火がついた。彼女は一介の奴婢で終わるつもりは毛頭なかった。

張緑水は息子を産んで家を飛び出し、歌と踊りを覚えて妓生《キーセン》（宴席で歌と踊りを披露する女性）になった。すぐに彼女は評判になった。歌がとてもうまくて、くちびるを動かさなくても美しい声を響かせることができた。

その頃の張緑水は30歳を過ぎていたが、10代に間違えられるほど若々しかった。その噂を聞きつけたのが10代王・燕山君《ヨンサングン》だった。

「張緑水を呼べ。今日はあの女だけでいい」

燕山君は張緑水がとても気に入り、彼女を宮中に招き入れた。その身分を考えれば不可能なことなのに、燕山君は張緑水に〝淑媛《スグオン》〟という従四品の品階を与えた。内命婦《ネミョンブ》（日本でいえば大奥のこと）で従四品以上の女性というと、すなわち側室を意味している。燕山君は宮中の慣例を無視して、いきなり張緑水を側室として遇した。

このあたりのことは、韓国時代劇「王と妃」の177話で描かれている。

「身分の低い者を淑媛にするのは破格というより不法に近かった」というナレーションが入ったあとで、張緑水の不満を強調している。

「たかが淑媛？　どうせなら嬪をくれなきゃ」

この場合の〝嬪〟は正一品の品階で側室の最高位をさす。ふてぶてしく語った張緑水は、宮中でさまざまな無礼を働く。

王家の女性たちは「妓生あがりは下品すぎる」と眉をひそめるが、張緑水は「上品ぶっても人間はひとかわむけばみんな下品」とばかりに悟りきった表情で屈託がない。さらに、張緑水をつけ上がらせていたのが、宮中で荒れ続ける燕山君だった。

史実でも、王室が乱れに乱れたとされている。張緑水を寵愛する燕山君は毎晩のように酒宴を開き、酒池肉林を繰り返した。

王の威光を利用して、張緑水も宮中でやりたい放題だった。倉庫の財宝を勝手に自分の家に運んだり、王家が抱える金で自分の派手な装身具をつくったりした。側近が止めるのも聞かず、張緑水は国家の富を私物化したのである。

燕山君と張緑水の浪費によって、朝鮮王朝は破産に近い状態となった。すると、燕山君は民衆に高い税金をかけ、高官たちの資産も没収しようとした。王を陰で動かす悪女として、張緑水は民衆や官僚たちから激しい憎悪を浴びるようになった。

彼女は誰の声にも耳を貸さなかった。王と虚飾に溺れた日々を過ごし、それが永遠に続くと錯覚していた。

しかし、暴君の悪政は長く続かなかった。1506年、国を憂えた高官たちがクーデターを起こして、燕山君は王位を追われて流罪となった。正妻だった慎氏《シンシ》は廃妃となり、その他に燕山君の取り巻きたちも処罰された。

張緑水は斬首となり、その遺体はしばらく市中にさらされた。その遺体に向かって多くの民衆が唾《つば》を吐いて石を投げたという。暴政のせいで生活が苦しくなった恨みを露骨にぶつけたのである。

死してここまでの蔑《さげす》みを受けた張緑水。今に至るまで汚名が消えることはなかった。

世子の焼死を画策した「文定王后・尹氏」（11代王・中宗の正妻）

「宮廷女官　チャングムの誓い」に人柄のいい王としてよく登場する中宗《チュンジョン》。燕山君を追放するために高官たちがクーデターを起こしたとき、彼らに祭り上げられる形で11代王に即位した。

まさに「棚からボタ餅《もち》」のように王位に就いたので、中宗はクーデターを成功させた高官たちの言いなりになることが多かった。そのひとつが、妻の端敬《タンギョン》王后・慎《シン》氏を廃妃にしたことだった。

めだ。

高官たちが廃妃にこだわったのは、端敬王后・慎氏の父方の叔母が燕山君の妃だったた

中宗は強硬に反対したのだが、最後は高官たちに押し切られた。

「絶対に別れたくない。彼女を廃するなんて考えられない」

端敬王后・慎氏の父も燕山君派でクーデターの最中に殺されている。

こうした境遇の王妃を留めておくことは、高官たちもとうてい容認できなかった。

泣く泣く中宗は端敬王后・慎氏の廃妃に同意した（詳しくは18ページに紹介されている）。

その後の中宗は、１５０７年に章敬《チャンギョン》王后・尹《ユン》氏を正室にして１５１５年には息子の峼《ホ》をさずかった。

しかし、章敬王后・尹氏は産後６日目に24歳で亡くなってしまった。

中宗は新たに正室を迎える必要に迫られたが、側室の敬嬪《キョンビン》・朴《パク》氏を気に入っていたので、彼女を正室にしようとした。しかし、反対が多くて不可能だった。

正室選びは仕切り直しとなり、ようやく１５１７年に迎えたのが文定《ムンジョン》王后・尹《ユン》氏であった。

彼女は中宗のあらゆる表情を見逃さず、この王がどんな性格なのかを早く見抜こうとしていた。

その中でわかってきたのは、中宗がいかに情けない王であったかということだった。クー

デターを成功させた高官たちに頭が上がらず、いつもビクビクしているところがあった。

「なるほど。気の弱い男には強気に出るのが一番」

そう考えた文定王后・尹氏は、中宗の前ではキビキビとふるまい、同時に気が強い面を見せた。少しは反発すると思った中宗も意外なほど従順で、文定王后・尹氏の狙いはピタリと当たった。彼女は中宗との間に多くの娘を産んだが、なかなか息子に恵まれず、それが悩みの種だった。

文定王后・尹氏をめぐる人物相関図

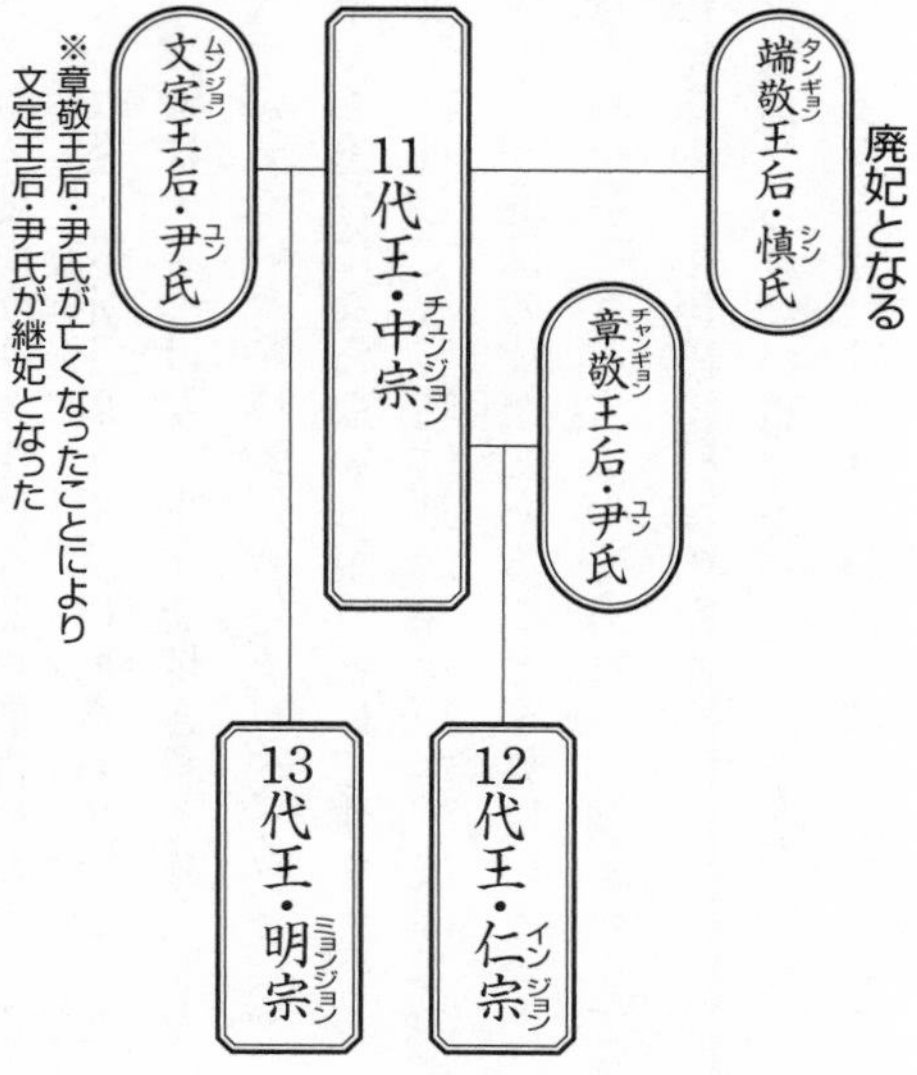

※章敬王后・尹氏が亡くなったことにより
文定王后・尹氏が継妃となった

1534年、王妃になって17年目にして彼女はようやく息子を産んだ。それが慶源《キョンウォン》だった。

「なんとしても、この子を王にしたい。しかし……」

文定王后・尹氏が念願をかなえるのは難しかった。中宗には先の王妃との間に息子の峼がいて、すでに世子になっていたからである。峼がいるかぎり、慶源が次の王になる可能性はなかった。

それでも、文定王后・尹氏はあきらめなかった。恐ろしい形相をした文定王后・尹氏は、皓の寝殿に火をつけた。世子を焼き殺そうとしたのである。

火事に気づいた皓は妻に先に逃げるように言い、自分はそのまま寝殿に座したままだった。

「早くお逃げにならないと焼け死にます!」

妻が絶叫しても、皓は動かなかった。彼はこのまま焼け死ぬつもりだったのだ。すでに、継母の仕業《しわざ》であることを見抜いていた。そのうえで、こう決心した。

「母が私を殺そうとするのであれば、潔く死んで差し上げよう。子としても、親の願いをかなえるのが本当の孝行なのだから」

妻は信じられない思いだった。「こんな純粋な人間がいるのか」とただ驚くばかり。しかし、妻も自分だけ逃げるわけにはいかないので、一緒に寝殿に座したままだった。

あやうく夫婦は焼け死ぬところだったが、救助の人間に促されて寝殿が焼け落ちる前に助け出された。この一事で皓という人間がよくわかる。朝鮮王朝時代を通じて、これほど〝孝〟に徹した王は他にいない。

中宗が1544年に世を去り、皓が12代王・仁宗《インジョン》として即位した。彼は29歳になっていたが、子供がいなかった。5歳で世子になったのに、なぜ彼は子供をつくらなかったのか。

それは、自分の次に慶源を王位に就けるためだった。それが、継母である文定王后・尹氏に報いる道だと仁宗は本気で考えていたのである。

これほどの孝行息子なのに、文定王后・尹氏は仁宗が子供の頃から厳しく当たっていた。それは彼が王位に就いてからも同じだった。そのせいで、仁宗の心労がどれほど大きくなったことだろうか。

仁宗は即位してわずか9カ月で病に倒れた。一説によると、文定王后・尹氏が持参した毒まんじゅうを食べたことが原因だという。普通なら、自分を殺そうとしている人間が持ってくる食べ物を警戒するものだが、仁宗は継母の土産を喜んで口に運んだ。あまりに善人すぎて命を縮めた感も否めない。

1545年、仁宗が若くして亡くなり、慶源が13代王・明宗《ミョンジョン》として即位した。

このとき、明宗はわずか11歳であった。政治を動かせる年齢ではない。必然的に、文定王后・尹氏が垂簾《すいれん》聴政をすることになった。

文定王后・尹氏は垂簾聴政を通してわがまま放題にふるまい私腹を肥やした。また、政敵を陥れるために手段を選ばず、恐怖政治で宮中を取り仕切った。

それが明宗をどれほど悩ませたことか。彼が「涙の王」と称されるのは、母の一派が横暴にふるまう度に涙を流さざるを得なかったからだ。やがて心労が重なって病気がちになった。

文定王后・尹氏は権勢を保ったまま1565年に64歳で世を去った。明宗も母の死から2年後に33歳で亡くなった。

息子の死の一因をつくった文定王后・尹氏。果たして、〝国母〟の名に値する王妃であったのだろうか。

王妃の後ろ楯を得て暗躍した「鄭蘭貞」（文定王后・尹氏の弟の正妻）

鄭蘭貞《チョンナンジョン》の人生を振り返ってみると、低い身分から何が何でも抜け出てやろう、という悲壮なまでの覚悟が見えてくる。

鄭蘭貞の母は奴婢《ぬひ》だったために、普通なら鄭蘭貞も同じ境遇で生きなければならなかったのだが、彼女は自ら妓生となって人生の上昇気流に乗ろうとした。

妓生として宴席で酔客のとなりに座りながら、人間をよく観察し、出世の相がある人物をさがした。その中で、めざとい鄭蘭貞が目をつけたのが尹元衡《ユンウォニョン》だった。

尹元衡は、11代王・中宗《チュンジョン》の継妃となった文定《ムンジョン》王后・尹《ユン》氏の実弟である。姉に引き立てられて、尹元衡も高官にのぼりつめていた。

鄭蘭貞はいかにして尹元衡の妾《めかけ》になることができたのか。

史実では定かでないが、時代劇「女人天下」では第12話から第13話にかけて二人の出会いを描いている。

王妃の親族として図に乗った尹元衡は、酒席で気に入った妓生を呼ぶのだが、部屋に入ってきたのは別人だった。実は、尹元衡が来ていることを知った鄭蘭貞が、まだ見習いの身でありながら主人に頼み込んで指名を代わってもらったのだ。

尹元衡は、別人が部屋に入ってきて一瞬だけ顔を曇らせるが、鄭蘭貞をよく見てすぐに顔がにやけた。その美貌に引き込まれてしまったのだ。

「おまえのような美人がどこに隠れておったのだ」

尹元衡が感心して言う。すると、鄭蘭貞は絶妙に会話をつなげる。

「私はまだつぼみでございます。水をくだされば、花を咲かせましょう」

尹元衡はもうその気になっている。

「おまえを水揚げするのはかならず私だ」

そう言って尹元衡は鄭蘭貞に水揚げ代金を預けようとするのだが、鄭蘭貞は顔色を変えて「私はそのような女ではありません」と金では動かないことを主張する。潔さを装《よそお》っているだけなのだが、単純な尹元衡はすっかり鄭蘭貞の虜《とりこ》になってしまうのだった。

ドラマとして興味深い描き方だが、実際はもっとドロドロしたものであっただろう。姉の権力に乗って高位を得た傲慢な尹元衡にとって、美貌の妓生を妾にするのは自尊心をくすぐられることであった。しかし、鄭蘭貞のほうは高官の妾ではとうてい満足できなかった。彼女は初めから尹元衡の正妻になることをねらっていた。

鄭蘭貞は文定王后・尹氏に認められたくて仕方がなかった。そこで考えたのは文定王后・尹氏が警戒していた敬嬪《キョンビン》・朴《パク》氏を追放して点数をかせぐことだった。当時、敬嬪・朴氏は中宗に最も気に入られていた側室だった。

1527年、「灼鼠《しゃくそ》の変」が起きた。これは、世子に決まっていた皓《ホ》(後の12代王・仁宗《インジョン》)が住む東宮の庭で、火であぶられたネズミの死体が木にくくられていた事件だった。それだけでなく、景福宮の大殿でも焼け死んだネズミが見つかった。

皓は子《ね》年の生まれだった。不可解な出来事は皓の将来を不吉に見せる仕業と思われた。

誰がこんなことをしでかしたのか。

執拗《しつよう》に犯人探しが行なわれた結果、当日の敬嬪・朴氏の行動が怪しいということになり、彼女は宮中から追放された。

しかし、現在では「灼鼠の変」をしかけたのは鄭蘭貞だ、という説が有力になっている。

「女人天下」の第115話でも、鄭蘭貞が東宮の庭に忍び込んでネズミを木にくくる場面を描いている。彼女は文定王后・尹氏の敵をつぶすためなら、どんなことでも率先して行なった。

その褒美として、鄭蘭貞は文定王后・尹氏から「自由に王宮に出入りしていい」という許しを得た。この特権は鄭蘭貞を有頂天にさせた。彼女は王宮内でわがもの顔にふるまうようになった。

ついには、尹元衡と共謀して彼の正妻を毒殺し、その後釜にすわった。念願だった尹元衡の正妻となった彼女は、従一品の品階を授与された。

この品階をもつと、「貞敬夫人《チョンギョン》」と尊称されるのだが、そう呼ばれる気分は最高だった。

しかし、最下層から上位まで上がったとはいえ、それは文定王后・尹氏に引き立てられた結果だった。その後ろ楯が1565年に世を去ると、尹元衡夫婦も無事ではいられなかった。なにしろ、二人を憎む人たちが王宮には多かった。

夫婦は都を追われ、田舎で息をひそめて暮らした。それでも、新しい政権にいつ死罪を通告されるかとビクビクしていた。

あるとき、近所に都から使者がやってきたという話を聞き、鄭蘭貞は「自分たちを殺しにきたのだ」と観念した。悲観した彼女は先に毒薬を飲んで命を絶った。

それは早とちりで、使者が向かったのは別人のところだった。

尹元衡は悲嘆に暮れたが、それは後の祭りだった。彼も生きる力を失い、鄭蘭貞の墓の前で自決した。

結局は、権力をもつ人に頼りきって生きるしかすべがない二人だった。文定王后・尹氏の死は同時に、鄭蘭貞と尹元衡の死を意味していた。

王の陰で非情な悪事を働いた「金介屎」(15代王・光海君の側近)

朝鮮王朝の歴史を見ると、権力の裏側で暗躍した悪女が様々にいたが、その中でも女官ながら国王に一番近づいて独自の権力を行使したのが金介屎《キムゲシ》であった。

彼女は、自分の欲望をかなえるために悪事を働いたというより、権力の恐ろしさを知ったうえで自分の立場を守り抜いた悪女であった。そういう意味では、他の悪女とは一線を画していたといえる。

その金介屎は、幼くして王宮に入った。そして、14代王・宣祖《ソンジョ》に仕えた。

彼女は頭がよくて、どんなこともうまく仕切ることができた。それによって、宣祖にとても気に入られ、王宮の中で大いに力をつけていった。

ところが、宣祖は1608年に世を去ってしまい、彼の次男であった光海君《クァンヘグン》が15代王となる。そのとき、頼みとしていた宣祖を亡くして、王宮内の権力を失いかけた金介屎は、うまく立ち回って光海君から信頼を得た。

光海君にとっては、異母弟であった永昌大君《ヨンチャンデグン》が王位にとって脅威だった。

なぜなら、光海君は側室から生まれている庶子だったが、永昌大君は宣祖の正室から生まれた嫡男《ちゃくなん》だったからだ。

ここから、金介屎の悪事がえげつなくなる。光海君の敵は彼女の敵だった。

1613年、金介屎は永昌大君を排除するために捏造《ねつぞう》事件を起こして、永昌大君の母親であった仁穆《インモク》王后・金氏の父親を処刑した。そうなると、影響が仁穆王后・金氏と永昌大君に及ぶのも必然だった。

結局、7歳という幼さだった永昌大君は江華島《カンファド》に流罪となったあと、金介屎の送った刺客によって殺されてしまった。

さらに、仁穆王后・金氏も離宮に幽閉された。そして、金介屎は光海君に反抗する者たちを罠《わな》にかけて命を奪っていった。

1623年、光海君が即位して15年が過ぎた。その間に多くの人が排除されて光海君は怨まれた。

実際に裏で暗躍したのは金介屎であり、彼女が悪の女官として悪事を続けていたのである。そんな中でクーデターが起こった。

反乱を起こしたのは宣祖の孫の綾陽君《ヌンヤングン》で、彼は弟が謀叛《むほん》の罪で処刑されたので、光海君をとても憎んでいた。

このクーデターはうまく成功し、油断していた光海君は王宮から逃げ出したが、つかまって江華島に流罪となった。

こうなると、金介屎も無事ではいられない。

王の陰に隠れて何人もの命を奪ってきた金介屎はとても怨まれていたので、問答無用で斬首された。

こうして金介屎は、自分が行なった悪事の代償を一番醜い形で払わされた。

これぞまさに魔性の女「張禧嬪」（19代王・粛宗の正妻）

張禧嬪《チャンヒビン》は、一時期とはいえ、19代王・粛宗《スクチョン》の寵愛を一身に受けていた。

粛宗は張禧嬪が好きで好きでたまらず、何をさしおいても彼女のもとに通うほど惚《ほ》れ抜いていた。

政治的業績を多く残して名君と呼ばれた王が、一時はメロメロになるほど愛し抜いた女性。張禧嬪が魔性の魅力を備えていたことは間違いないだろう。

その〝魔性〟にすぐ気づいたのが、粛宗の母であった明聖《ミョンソン》王后・金《キム》氏であった。彼女は宮中の生き字引のような人で、人を見極める独特の勘をもっていた。

「あの女は息子にとって危険きわまりない」

そう察知した明聖王后・金氏は、いろいろと手をまわして宮中から張禧嬪を追い出すことに成功した。

普通なら、ここで張禧嬪の人生は庶民生活にまぎれて終わるはずだった。しかし、彼女は不死鳥のように甦った。

1683年、明聖王后・金氏が世を去ると、張禧嬪は蜜を見つけた蝶のように、心をはずませて宮中に戻ってきた。

当時、粛宗の正室は仁顕《イニョン》王后・閔《ミン》氏であった。

1667年生まれの彼女は1681年に14歳で粛宗の正妻となっていた。1659年生まれの張禧嬪よりは8歳下である。

張禧嬪をめぐる人物相関図

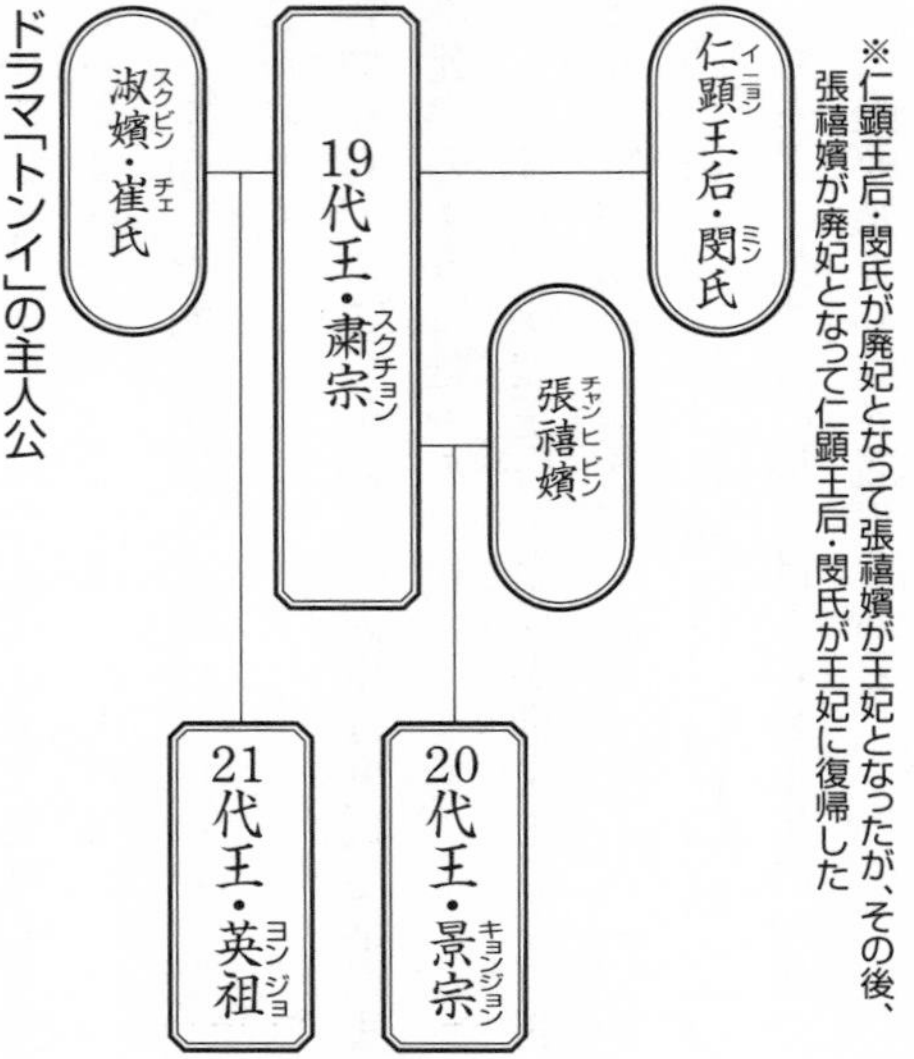

仁顕王后・閔氏に早く子供ができていれば、王妃としての立場は盤石だったと思われるが、あいにく彼女は病弱で、床に伏す日が多かった。次第に粛宗の気持ちが冷めていったときに、張禧嬪が宮中に戻ってきたのである。以後、粛宗は張禧嬪のもとに入り浸《びた》りとなった。

１６８８年、張禧嬪は王子の昀《ユン》を産んだ。27歳の粛宗にとって初めての息子だった。この瞬間から、張禧嬪は自分の息子を王にするためなら何でもやり抜く〝鬼〟と化した。王の寵愛を受けているといっても、彼女の立場は弱い。世子《セジャ》（王の後継者）は、正室から生まれた男子が優先される。いくら病弱でも仁顕王后・閔氏はまだ若い。彼女がもし粛宗の息子を産むようなことがあれば、昀は世子どころか、警戒されてどんな身に落とされるかわからなかった。

そこで、張禧嬪のねらいはただひとつ――なにがなんでも正室になることだった。そのためにも、仁顕王后・閔氏を廃妃にしなければならなかった。

当時の政府は、〝西人《ソイン》〟と〝南人《ナミン》〟というふたつの派閥が激しい権力闘争を繰り広げていた。所属をいえば、仁顕王后・閔氏は西人で張禧嬪は南人だった。

張禧嬪にとっては、南人側が権力闘争で優勢になったことが幸いした。逆に、頼りの西人が力を失って仁顕王后・閔氏は難しい立場になった。しかも、すでに粛宗の心は仁顕王后・閔氏にはなく、彼は強引に廃妃を決定した。寵愛する張禧嬪との間に生まれた息子を世子にするために我を押し通したのだ。

この決定がいかに理不尽であったか。時代劇「張禧嬪」の第49話では、廃妃となって実家に戻る仁顕王后・閔氏の列を多くの庶民が囲んで慟哭《どうこく》する様子が描かれていた。その悲しみ方は天地が動転するほどで、まさにその場面が民衆の心情をそのまま代弁していた。

同ドラマでは、仁顕王后・閔氏が廃妃になったのちに人気女優のキム・ヘスが扮した張禧嬪が、粛宗に対して「早く王妃にしてほしい」と何度も懇願していた。

史実でも、空きとなった王妃の座に張禧嬪はすぐに上がった。やはり、王の息子を産んだという実績は、とてつもなく大きい。張禧嬪は有頂天になるばかりだったが、庶民の憎悪は日増しに強くなった。

特に、仁顕王后・閔氏が宮中を追い出された顚末《てんまつ》を風刺した小説「謝氏南征記《サシナムジョンギ》」が市中に出回ると、庶民は改めて仁顕王后・閔氏に同情し、粛宗と張禧嬪に批判の目を向けた。この「謝氏南征記」の人気のほどは、ドラマ「トンイ」でも第24話で取り上げられていた。粛宗も「謝氏南征記」を読んだようだが、怒るよりむしろ仁顕王后・閔氏を哀れに思う気持ちが強くなった。

それは、張禧嬪からはっきり心が離れたことを意味していた。一時はあれほど惚れ込んでいた女性だったのだが、粛宗は優柔不断な性格で、時間とともに張禧嬪を王妃にしたことを後悔し始めた。

そんなとき、粛宗の目にとまったのが淑嬪《スクビン》・崔《チェ》氏だった。時代劇「トンイ」の主人公になった女性である。張禧嬪のもとを訪ねる回数がめっきり減った粛宗は、その代わりに、淑嬪・崔氏のもとへ足しげく通うようになった。

その末に、淑嬪・崔氏は1694年に男子を産んだ。その子が後の21代王・英祖《ヨンジョ》（時代劇「イ・サン」でおなじみの王）であった。

張禧嬪は王の寵愛を受けて王妃にまでなったのだが、その寵愛を失えば結果は見えていた。ちょうど政変が起きて、張禧嬪の後ろ楯となっていた南人が力を失うと、張禧嬪の立場はとたんに弱くなった。頻繁に心変わりする粛宗は、今度は張禧嬪の廃妃と仁顕王后・閔氏の復位を決めた。

王の決定だけに張禧嬪も逆らうことができなかったが、彼女はそのままですませるような女性ではなかった。意図的に、復位した仁顕王后・閔氏を呪術的に殺そうとはかったのである。張禧嬪はわざわざ神堂を建て、仁顕王后・閔氏の死を願って特別な祈祷を続けていた。

その呪いのせいかどうかはともかくとして、せっかく王妃に復位した仁顕王后・閔氏は、病弱であったことがわざわいして1701年に34歳で世を去った。その後に、淑嬪・崔氏の証言によって、張禧嬪が仁顕王后・閔氏の死を願って呪術を繰り返していたことが暴露された。

粛宗の怒りは尋常ではなかった。

「大罪である。賜薬《サヤク》を与えよ」

この王命には高官たちが反対した。すでに昀が世子に決まっていたからだ。将来、王になる男の母が死罪となれば、後々に禍根を残す可能性が高かった。翻意を求められた粛宗ではあったが、最終的に賜薬を取り消さなかった。

1701年、張禧嬪は42歳で死罪となった。

以後、「善の仁顕王后・閔氏」対「悪の張禧嬪」という図式が今に至るまで残り、張禧嬪は酷評を受け続けてきた。

しかし、世間がいうほど本当に性根の腐った女だったのか。

そこには、つくられた「悪」という要素がなかったのだろうか。

なぜかというと、張禧嬪に関する世間の評判は、「朝鮮王朝実録」の粛宗時代の記述がもとになっているからだ。ここで、その記述の背景を見てみよう。

粛宗は在位が46年間に及んだので、実録をまとめる作業に大変な時間がかかった。しかも、次の王となった景宗《キョンジョン》（張禧嬪の息子）が在位4年で世を去ったために、その作業は英祖の時代に引き継がれた。

それを機に編纂責任者が交代し、実務担当者は英祖の息がかかった者ばかりになった。英祖は淑嬪・崔氏の息子であり、その母は張禧嬪と対立していた。こうした経緯もあって、朝鮮王朝実録の編纂作業は張禧嬪に不利な形になってしまったのだ。

円錐《えんすい》は、上から見たら丸だが、横から見たら三角である。同じ物でも角度が変われば見え方が違う。ましてや、人間の感情が入れば、同じ事実でもまるで違う表現になってしまうだろう。

張禧嬪は果たして、巷間《こうかん》で伝えられるような悪女だったのか。あるいは、人物像を歪められただけなのか。

朝鮮王朝時代の人物の中で、創作ストーリーの登場人物になった回数は張禧嬪が一番多い。実像がどうであれ、虚像のほうは一人歩きしてテレビや映画で引っ張りだこになっている。

【政治を思いのままに操った「貞純王后・金氏」（21代王・英祖の正妻）】

時代劇「イ・サン」の主人公にもなっていた22代王・正祖《チョンジョ》が1800年に亡くなり、息子が23代王・純祖《スンジョ》として即位した。このとき、純祖はわずか10歳だった。

正祖には、他に子供がいなかったのだろうか。

正祖の正室は孝懿《ヒョウィ》王后・金《キム》氏で、彼女は人格者として誰からも好かれた。普通、王妃という女性最高の地位に就くと露骨に権勢を誇示する人も多いのだが、孝懿王后・金氏だけは誠実で謙虚に周囲の人と接した。ただ子供に恵まれなかったために、正祖はかなり落胆した。

こうなると、側室との間に生まれた息子が頼りだ。最初の息子は夭逝したが、正祖の次男として1790年に生まれたのが純祖だった。このとき正祖は38歳。それから10年後に彼は亡くなった。

その結果、純祖は幼くして即位せざるを得なかった。代理で政治を司る人間が必要だが、その役を買って出て垂簾聴政をしたのが英祖の継妃だった貞純《チョンスン》王后・金《キム》氏である（彼女に関しては30ページの人物相関図を参照）。

最初の王妃を亡くした英祖のもとに彼女が輿入《こしい》れしたのは14歳のときだった。当時、英祖が世子に指名した荘献《チャンホン》（後の思悼世子《サドセジャ》）は10歳も上だった。

つまり、継母が息子より10歳も下という逆転現象が起きたのだ。英祖の二度目の結婚は年齢的には無理があった。

結局、英祖は世子の荘献を米びつに閉じ込めて餓死させてしまうのだが、この事件の裏で、貞純王后・金氏は英祖に荘献のよからぬ噂を吹聴《ふいちょう》する役割を演じたといわれている。

しかし、時代劇「イ・サン」を見ると、第1話で貞純王后・金氏が荘献の助命を願って英祖に会いに行く場面がある。

英祖は「誰にも会いたくない」と面会を拒絶した。すると、貞純王后・金氏は英祖の寝殿の前に座して、大声で英祖に話しかける。

「殿下、世子が米びつに閉じ込められて何も食べず6日が過ぎました。見殺しにするのですか。私がお腹を痛めて産んだわけではありませんが、世子はわが子にございます。こんなむごいことをただ見過ごせとおっしゃるのですか。世子のことを一番よくわかっていらっしゃる殿下ではありませんか。一度だけでも世子にお会いになって、世子の話を聞いてあげてください」

必死に願い出る貞純王后・金氏。史実を知っておくと、この場面が単なるポーズにすぎないことがわかる。彼女は荘献を死に追いやった張本人の一人でもあったのだ。

それだけに、荘献の息子であった正祖が即位すると、貞純王后・金氏が抱えた恐怖心は尋常ではなかった。

「殺されるかもしれない。命だけは助けてほしい……」

案の定、正祖は父の死を誘導した者たちを次々に粛清した。

本来であれば、貞純王后・金氏こそが真っ先にやり玉にあがっても不思議ではなかったのだが、まがりなりにも彼女は〝大王大妃（王の祖母）〟であった。

さすがの正祖も〝大王大妃〟に手をかけるようなことはしなかった。ただし、彼女は正祖の在位中、目立たぬようにひっそりと生きていくしか方法がなかった。

正祖が1800年に亡くなったとき、貞純王后・金氏は55歳になっていた。形のうえで、純祖は孫の子供ということになるので、貞純王后・金氏は〝大・大王大妃〟といってもいい立場になった。

幼い純祖を言いくるめて玉璽《ぎょくじ》（王であることを証明する印鑑）を握った貞純王后・金氏は、垂簾聴政を通して自在に政治を牛《ぎゅう》耳《じ》った。

正祖時代に冷や飯を食わされた自分の実家や一派を重用し、正祖時代の重臣たちを次々に排除した。

せっかく正祖が改革した制度や法律も変えられた。まるで時代が1世紀も戻ったかのような政治体制となってしまった。

貞純王后・金氏の垂簾聴政の中で、一番悪名高いのがキリスト教の弾圧である。〝儒教

的な社会規範を否定するのがキリスト教〟というのが弾圧の根拠なのだが、実は、自分の政治を脅《おびや》かす反対派にキリスト教徒が多かったことが一番の理由だった。

信者を見つけ出す際に使われたのが「五家作統法」だった。これは五世帯ごとに連絡をとりあって犯罪を未然に防ぐ治安維持方法だが、「五家作統法」を使って信者を密告させることを奨励した。

庶民の間では大変な疑心暗鬼が生まれた。なにしろ、一世帯でも信者が出たら五世帯が一緒に連座制に問われるのである。この悪法のせいで、信者でないのに殺される人が続出した。

貞純王后・金氏は1805年に60歳で世を去った。本当に罪深き王妃であったといわざるを得ない。

【実家偏重で政治を私物化した「純元王后・金氏」（23代王・純祖の正妻）】

朝鮮半島で勢道《セド》政治（世道政治ともいう）といえば、王の委任を受けて政権を担うこと。もっと具体的にいうと、外戚（主に王妃の親族）がわがもの顔に政治を動かすことをさしている。

この勢道政治の典型的な存在が、23代王・純祖《スンジョ》の正妻だった純元《スヌォン》王后・金《キム》氏と実家の安東《アンドン》金氏一族だった。

純祖は1800年に10歳で即位したが、幼すぎるという理由で英祖の継妃であった貞純王后・金氏が垂簾聴政を行なった。その垂簾聴政は4年間続いたが、1804年に純祖が14歳になると、彼が自ら親政を実施した。これは、純元王后・金氏にとって願ってもない展開だった。

「ようやく父の出番がやってくる。一族を繁栄させなければ！」

2年前に純祖の正妻となった純元王后・金氏は、1歳下で性格が穏やかな純祖に積極的に働きかけて、父の金祖淳《キムジョスン》を政治の補佐役に押し上げた。ここから安東金氏の勢道政治が始まる。

ちなみに、この〝安東〟というのは本貫《ポングァン》のことである。本貫とは本来は始祖の出身地をさすもので、その一族の流派と考えればいい。

朝鮮半島で最も多くの人口を抱える金氏には、〝安東〟の他に〝慶州《キョンジュ》〟〝金海《キメ》〟〝光山《クァンサン》〟などの有名な本貫がある。

1805年に貞純王后・金氏が亡くなると、金祖淳を中心とする安東金氏の横暴は目に余るようになった。政権の要職を独占して反対派を粛清し、自分たちに都合がいいように法律と制度を変えてしまった。

もはや安東金氏でないと出世ができない世の中になった。すると、さまざまな弊害が現れた。

特に、収賄《しゅうわい》が横行し、公平な社会の根幹が崩れた。庶民の反感が強まり、各地で反乱が起きた。

いずれも鎮圧されたが、庶民の生活は苦しくなる一方だった。

純元王后・金氏をめぐる人物相関図

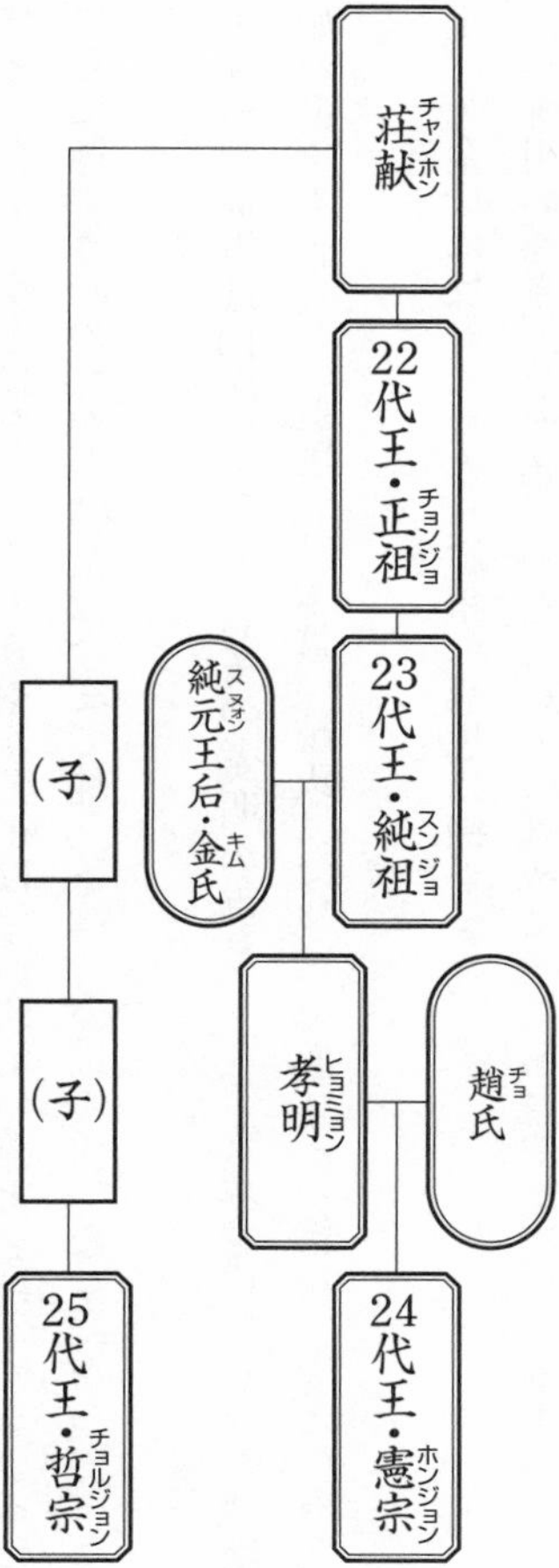

これほど社会が不安定になって、ようやく純祖は勢道政治の弊害を自覚するようになった。あまりに遅すぎるのだが、純祖は今まで純元王后・金氏の言いなりになっていたことを反省した。

1819年、純祖は10歳になった息子の孝明《ヒョミョン》の妻として、安東金氏ではなく豊壌趙氏《プンヤンチョ》一族の娘を迎え入れた（〝豊壌〟は本貫。趙氏には他に〝漢陽《ハニャン》〟〝楊州《ヤンジュ》〟などの有名な本貫がある）。

純元王后・金氏は反対したが、純祖の意思は固かった。

ここから純祖の巻き返しが始まった。息子の外戚にあたる豊壌趙氏の一族を徐々に重用するようになり、王室を取り巻く勢力が二分された。

1827年、37歳の純祖は18歳になった孝明に政治を代行させた。孝明はまだ10代の若さでありながら人事面や法制面で優れた統治能力を見せ、名君になる素養を感じさせた。母の純元王后・金氏としても、それは大変うれしいことではあったが、気掛かりだったのは豊壌趙氏の一族が勢いを得て、実家の安東金氏が精彩を欠くようになったことだ。

「このままでは実家が没落してしまう」

純元王后・金氏の歯ぎしりが止まらなくなった。

もはや時代の主役は安東金氏から豊壌趙氏に移った……、と思われた矢先に、急転直下の出来事が起こった。孝明が21歳で夭逝してしまったのだ。

次代の王となるはずだった息子の急死。純元王后・金氏が受けた衝撃は言葉でいい尽くせないほどだった。しかし皮肉なことに、息子の死が、実家が息を吹き返す転機になった。後ろ楯を失った豊壌趙氏が政治の主流からはずされる中で、再び安東金氏が要職を取り返していった。

1834年、純祖が44歳で亡くなり、孝明の息子が即位した。それが24代王の憲宗《ホンジョン》である。

わずか7歳であったために垂簾聴政が必要となったが、その大役を射止めたのが純元王后・金氏だった。孫が王になっているので、彼女の呼び名は大王大妃となっていた。

安東金氏と豊壌趙氏の勝負もおよそ決着がついた。垂簾聴政を通して絶大な権限を握った純元王后・金氏は、実家を何度も栄えさせる女傑だった。しかも、まだまだ彼女の権力は絶大だった。

最も影響力を示したのは、1849年に憲宗が22歳で急死したときだった。憲宗には息子がおらず、まだ後継者が決まっていなかったが、王室の最長老となっていた純元王后・金氏は、まるで天の声であるかのように「元範《ウォンボム》を後継ぎにする」と指名した。

「元範って誰?」

それが、王宮にいた人たちの率直な感想だった。王族の一員であることに違いはないが、元範はほとんどの人に知られていなかった。

純元王后・金氏はなぜこのような人物を指名したのだろうか。

そこには深い〝読み〟があった。

憲宗が急死したとき、彼の6親等以内の男が王族には一人もいなかった。それだけ王族の男系は数を減らしていた。ただし、7親等であれば数人いて、その中の一人が元範だった。

彼は、英祖によって米びつに閉じ込められて餓死した荘献《チャンホン》の曾孫であった。元範からみれば、祖父が22代王・正祖《チョンジョ》と異母兄弟にあたっていた。

ただし、元範の近い親族はのきなみ流罪や死罪となっていて、彼はほとんど天涯孤独の身で江華島《カンファド》に住んでいた。

王族とはいえ農業でその日暮らしをするのが精一杯で、まともな学問も受けていなかった。学もなく政治に関与したこともない18歳のみすぼらしい青年が、純元王后・金氏によって突然王に指名されたのである。

驚かないほうが不思議だった。しかし、絶対的な権力を握る純元王后・金氏に誰も逆らえず、元範は急に田舎から呼び出されて25代王の哲宗《チョルジョン》になった。

前代未聞ともいえる異例の即位だった。

無学の男が王になって、何かができるわけではない。それこそが純元王后・金氏のねらいだった。

彼女は垂簾聴政を行なって哲宗を自由に操り、同じ一族の娘を王妃として迎えた。このときが安東金氏の絶頂期だった。王と王妃と政権中枢を押さえ、朝鮮王朝を完全に手中におさめた。

１８５７年、純元王后・金氏は68歳で世を去った。

純祖に嫁いで王妃となってから55年が過ぎていた。この間、勢道政治が幅をきかせ、近代化が大きく遅れる要因となった。世界は激動の時代を迎えていたのに、朝鮮王朝はまったく対処できなかったのだ。

純元王后・金氏は一族に栄光と莫大な資産をもたらしたが、国には一体何をもたらしたのか。

歴史的に見れば、19世紀前半の政治的停滞が、後の国難を生んだことは間違いないのだが……。

朝鮮王宮なるほどQ&A（3）

Q. **平均的にいえば、王と王妃のどちらが長生きしたのでしょうか。**

A. 王と王妃の平均寿命を比較してみましょう。

朝鮮王朝で生存中に即位した27人の王の平均寿命は46・1歳でした。また、その27人の王の正妻だった41人（8代王・睿宗《イェジョン》の一番目の正妻だった安順《アンスン》王后・韓《ハン》氏は生年が不明なので除外）は平均寿命が48・7歳でした。つまり、平均的に王妃のほうが2・6歳だけ長生きしていることになります。

王と王妃は朝鮮王朝の中でも最高の食事をして最良の医術を受けられたのですが、それでも平均寿命が50歳に届いていません。生活条件がよくなかった庶民の場合は、さらに平均寿命が短かったことでしょう。

一方、王の中で一番長生きしたのは21代王・英祖《ヨンジョ》です。82歳で亡くなりましたが、当時としてはかなりの長寿であったといえます。

逆に、一番若くして世を去ったのは6代王・端宗《タンジョン》で享年16歳でした。7代王・世祖《セジョ》によって死罪にさせられたのですから、短命だったのも仕方がありません。

王妃の中で一番長生きしたのは、その端宗の正妻だった定順王后・宋氏です。端宗が世を去ったあと、さぞかし苦難に満ちた生活を送ったことでしょう。それでも81歳まで生きたのですから、よほど身体が丈夫だったと思われます。

最も短命だった王妃は、24代王・憲宗《ホンジョン》の妻だった孝顕《ヒョヒョン》王后・金《キム》氏で15歳で世を去っています。

Q. **王妃の服装の中で最高の格式を誇ったのはどのようなものですか。**

A. それは〝翟衣《チョグィ》〟と呼ばれた服装で、国の重要な儀式や行事があるときに王妃と世《セ》子嬪《ジャビン》（王の後継者の妻）が着たものです。絹織物でつくられていましたが、服の全体に翟《てき》（尾の長いキジ）の模様が刺繍《ししゅう》されています。
この〝翟衣〟は高麗《コリョ》王朝の末期から王妃が着るようになり、その伝統は朝鮮王朝でも引き継がれました。

<王妃が着た翟衣>

第4章

王族の女性たちは果敢に運命の扉を開けた

廃妃の危機に直面した「元敬王后・閔氏」（3代王・太宗の正妻）

元敬《ウォンギョン》王后・閔《ミン》氏ほど、夫を王にさせるために大きな働きをした妻は朝鮮王朝でも他にいなかった。〝内助の功〟というなら、彼女こそが一番の功労者だった。

朝鮮王朝を創設した李成桂《イソンゲ》の五男である芳遠《バンウォン》と元敬王后・閔氏が結ばれたのは1382年である。芳遠が15歳で元敬王后・閔氏は17歳だった。

1382年というと、李成桂が王になる10年前であり、彼が実力者にのしあがっていく途上だった。元敬王后・閔氏の実家は高麗王朝の名門であり、李成桂の実家よりずっと格上だった。形のうえでは、李成桂が閔氏一族の力を当てにして五男の婚姻を進めたのである。

当初は芳遠と元敬王后・閔氏の夫婦仲はよく、力を合わせて朝鮮王朝の創設に尽力した。その甲斐《かい》があって1392年に朝鮮王朝が建国された。以後、芳遠は李成桂の後継者になるために血のにじむような努力をしたが、その際に聡明な元敬王后・閔氏が様々に協力した。

特に、政敵の急襲を察知していち早く夫に知らせたり、武器をあらかじめ調達して夫のクーデターを成功に導いたりした。1400年に芳遠は3代王・太宗《テジョン》として即位したが、元敬王后・閔氏がいなかったら、先に政敵に葬《ほうむ》り去られていたかもしれない。太宗は本当に頼りになる妻をめとったものだ。

それなのに、太宗は王になってから妻を敬遠するようになった。これが元敬王后・閔氏にとっては我慢ならなかった。

「12人も側室がいるなんて、誰のおかげで王になれたの？」

元敬王后・閔氏は公然と太宗を批判するようになり、二人の夫婦仲は冷えきった。

こうなると、様々な問題が噴出する。特に元敬王后・閔氏が腹を立てたのは、自分の実家の没落を太宗が画策したことだった。

これには、太宗なりの計算があった。外戚の力を牽制《けんせい》することが王朝の存続につながると見抜いていたのだ。

確かに、太宗が王をねらう過程で妻の実家は多大

元敬王后・閔氏をめぐる人物相関図

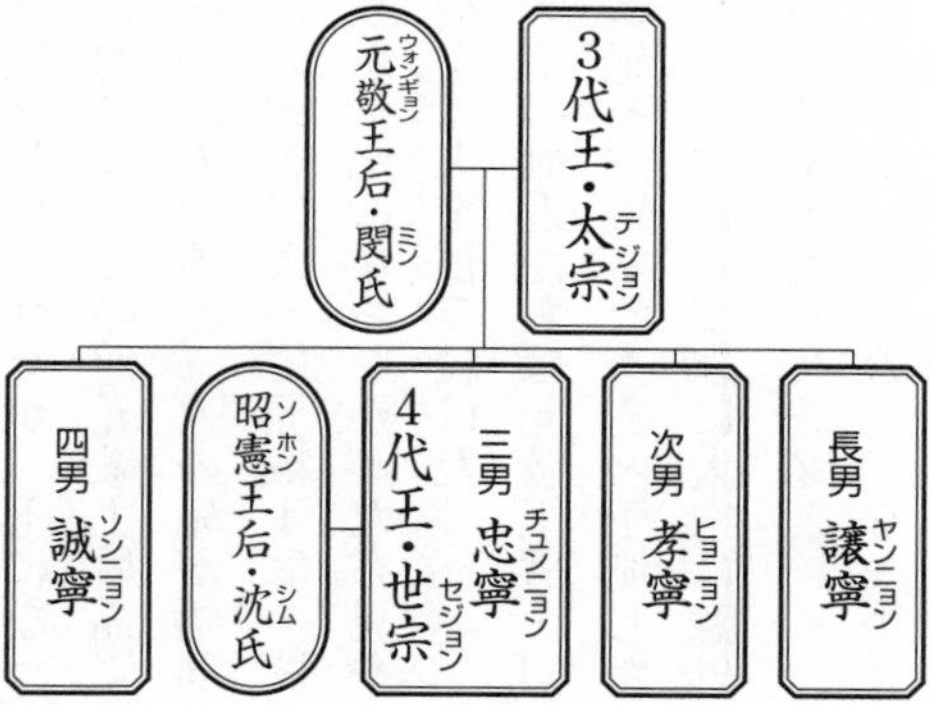

な貢献をしてくれたが、王になってしまえばむしろ危険因子として排除する必要があった。標的になったのが元敬王后・閔氏の兄弟であった。１４１０年、謀略によって元敬王后・閔氏の二人の弟と二人の兄が処刑されてしまった。

この悲劇によって元敬王后・閔氏は立ち直れないほどうちひしがれた。

「私が王妃にならなかったら兄や弟たちは……」

彼女は夫を恨《うら》み続けた。

太宗の側近たちは元敬王后・閔氏の廃妃を主張した。太宗は冷徹な男なので、周囲は彼が廃妃を認めるだろうと予測した。

しかし、悩んだ末に太宗は意外な結論を下した。元敬王后・閔氏を廃妃させずに、彼女の尊厳を守ったのである。

彼自身が〝内助の功〟を一番よくわかっていたし、さらに、息子を４人も産んでくれたという〝母親の功〟を高く評価した。

しかも、次代の後継者の実母が廃妃になったとなれば、王朝に及ぶ影響は並大抵ではなかった。妻とは修復できないほど不仲ではあったが、太宗も冷静に王朝の将来を判断したのである。

廃妃をまぬがれたとはいえ、実家を滅ぼされた元敬王后・閔氏はとても寂しい晩年を過ごした。しかも、四男の誠寧《ソンニョン》が14歳で夭逝《ようせい》し、その悲しみはあまりに深かった。

唯一の救いは、三男の忠寧《チュンニョン》が父を継いで1418年に4代王・世宗《セジョン》として即位したことだった。それを見届けてから、元敬王后・閔氏は1420年に55歳で世を去った。

あまりに悲しみが多い人生ではあったが、〝朝鮮王朝最高の聖君〟の実母として歴史に名を残したことが、せめてものなぐさめであろうか。

実家の栄華と没落を経験した「昭憲王后・沈氏」（4代王・世宗の正妻）

高麗王朝時代は一夫多妻制であったので、王も複数の夫人をもつことができた。高麗王朝の初代王・王建《ワンゴン》には、29人の妻がいたと伝えられている。これは、彼が地方の豪族を取り込むために政略結婚を繰り返した結果だった。

しかし、朝鮮王朝になると、一夫一婦制が採用され、王といえども複数の妻をもつことができなくなった。その代わりに側室を多く抱えるようになり、4代王・世宗《セジョン》の場合は9人の側室がいたといわれている。

側室は名家出身の娘が多かったが、王に愛されればそれだけ実家が王朝内で優遇された。

まさに実家の隆盛を担《にな》っていたのである。

それは側室にかぎらず正室も同様だった。特に、世宗の正室だった昭憲《ソホン》王后・沈《シム》氏の場合は、自分が王妃になって実家が大いに繁栄した。ただし、その後に待っていたのは奈落の底だった。まさに、昭憲王后・沈氏は天国と地獄を経験した波乱万丈の王妃だった（彼女に関しては153ページの人物相関図を参照）。

もともと昭憲王后・沈氏は、高麗時代から重要な官職を歴任するような名家の出身で、13歳のときに世宗と結婚した。このとき、世宗はまだ11歳だった。

嫡男が王位に就くことが原則の朝鮮王朝にあって、本来なら三男の世宗に出番はなかったのだが、彼があまりに優秀だったために、長男と次男が譲る形で世宗に王位がまわってきた。長男にいたっては、せっかく世子に決まっていたのに、わざと無能を装って出来のいい弟が王位に就くように仕向けたといわれている。

世宗は1418年、21歳のときに4代王として即位した。父の太宗が存命中にもかかわらず息子に王位を禅譲《ぜんじょう》したのである。その結果、昭憲王后・沈氏は思ってもいなかった王妃となった。

彼女は名門の出身らしく性格が温和で品行方正だった。そういう意味でも、王妃にふさわしい女性だった。しかも、彼女の父の沈温《シムオン》は領議政《ヨンウィジョン》（官職の最高位。今でいうと総理大臣）まで昇進した。

自分は王妃で父は領議政。実家の権勢は当代随一だった。しかし、王位を息子に譲った太宗は眉をひそめていた。彼は上王としてなお政治的な実権を握っており、特に王の外戚が力をつけすぎることを警戒していた。

そんな折に事件が起こった。それは、沈温が外交使節として明まで往来した途上でのことだ。

「上王はいまだ軍事権を握っていらっしゃる。せっかく殿下（世宗）が王になられたのに、これはやりすぎではないのか」

沈温に同行していた実弟が、このように不満を述べたというのだ。これが太宗の耳に入り、問題が非常に大きくなった。

激怒した太宗は、謀叛《むほん》の疑いがあるという理由で沈温を水原《スウォン》に流し、さらに死罪を申し渡した。

これを契機に昭憲王后・沈氏の実家は没落。彼女の母は奴婢《ぬひ》の身分に格下げとなってしまった。

父母が悲惨な目に遭って衝撃を受けた昭憲王后・沈氏。追い打ちをかけるように、彼女は廃妃の危機に立たされた。

「王妃にふさわしくない。今すぐに宮中から追放せよ」

沈温の大出世を妬《ねた》んでいた一派からは、廃妃を主張する声が起こった。あとは、太宗の腹ひとつだった。彼はどのような決断を下すのか。

実は、後になって沈温の失脚は太宗の謀略であったことが明らかになっている。彼が子飼いの官吏を使って沈温とその実弟の不平を誘導したというわけだ。

自分も異母弟二人を殺して3代王となった太宗は、今度も王朝の安泰を願って外戚の排除に躍起になった。中国でも古代の朝鮮半島でも、外戚が王朝の実権を握って政治を混乱させることがよくあったが、同じ轍《てつ》を踏まないためにも、太宗は強くなりそうな外戚を先につぶしたのである。

その流れからいえば、太宗が昭憲王后・沈氏を廃妃にしても不思議はなかった。ところが、太宗は昭憲王后・沈氏を不問に付した。世宗の懇願があったのかもしれないが、それ以上に太宗は昭憲王后・沈氏の功績を高く評価していたのだ。

その功績の一番は、昭憲王后・沈氏が10人もの子を産んだことだった。そのうちの8人は男子だった。

「8人も王子を産んでくれた王妃をどうして宮中から追い出せるのか」

太宗のこの決定に世宗は安堵《あんど》した。

以後、世宗と昭憲王后・沈氏はそれ以前と同様に仲よく暮らした。

とはいえ、王が側室をもつということはまた別の次元だった。

世宗は「英雄、色を好む」のたとえを地で行く男だった。彼の側室たちが産んだ子が男子10人に女子2人。昭憲王后・沈氏との子供を加えると、世宗には22人の子がいた。〝聖君〟と称される王の別の一面を見る思いがする。

世宗は1450年に53歳で世を去ったが、その4年前に昭憲王后・沈氏は51歳で亡くなっている。

「父と母には大変なご苦労をおかけして、本当に申し訳ないと思っています」

昭憲王后・沈氏は最後まで実家の没落を嘆いていた。

その心が通じたのか、後になって昭憲王后・沈氏の父と母は復権して名誉を回復することができた。

7代王・世祖を呪い続けた「顕徳王后・権氏」（5代王・文宗の正妻）

世宗の長男として1414年に生まれた5代王・文宗《ムンジョン》は、父に似て学問を好む頭脳明《めい》晰《せき》な人間だった。

ただし、虚弱体質だったために日頃から精気に乏しく、それが結婚生活にも影響してしまった。

彼が最初に妻を迎えたのは13歳のときで、相手は金《キム》氏という4歳上の評判の美人だった。この金氏には、「早く子を宿したい」というあせりがあった。4歳上であるからには、急ぐのも当然だった。しかし、肝心の文宗は幼すぎて肉体的にも成熟しておらず、一向に妻のもとを訪ねる構えを見せなかった。

当時の文宗は次の王が約束された世子だった。その彼との間に男の子を産めば、その子が世孫《セソン》（世子の次の王位継承者）に指名されることは間違いなかった。それだけに金氏はよけいにあせったのだが、夫の気を引こうとして、今でいえばフェロモンを出しそうな秘薬をつくってばかりいた。たとえば、ヘビやコウモリを干して粉末にしたものなど……。

「怪しげな薬をつくって宮中を惑わせようとしている」

そんな噂《うわさ》に尾ひれがついて、金氏は魔女のようにいわれた。そのあおりで、彼女は実家に帰されてしまった。

驚かされるのは、その後の金氏の父の行動だ。〝家門の恥〟と憤り、娘を殺したうえに自分も自決してしまった。

文宗は二番目の妻を迎えた。その奉《ポン》氏もまた、金氏と同じように寂しい思いをすることになった。なにしろ、今度も文宗がまったく寄りつかなかったのだ。奉氏は性格が勝気で最初は気丈にふるまっていたが、やがて独り寝の寂しさに耐えられなくなった。その結果、お付きの女性と同性愛にふけるようになってしまった。このことが露呈し、「世子の妻にふさわしくない」という理由で離縁させられた。奉氏も実家に戻ったあとに自死せざるを得なかった。

かつて妻だった2人の女性の不幸な死。こうなると、文宗に対して「王として子孫を残す気構えがあるのか」という諫言《かんげん》がありそうだが、父の世宗は文句を言うよりも息子に側室をもたせることにした。

その中で文宗が最も気に入ったのが顕徳《ヒョンドク》王后・権《クォン》氏だった。

彼女は文宗との間で1441年にかわいい男の子を産んだ。それが後の6代王・端宗《タンジョン》である。

顕徳王后・権氏をめぐる人物相関図

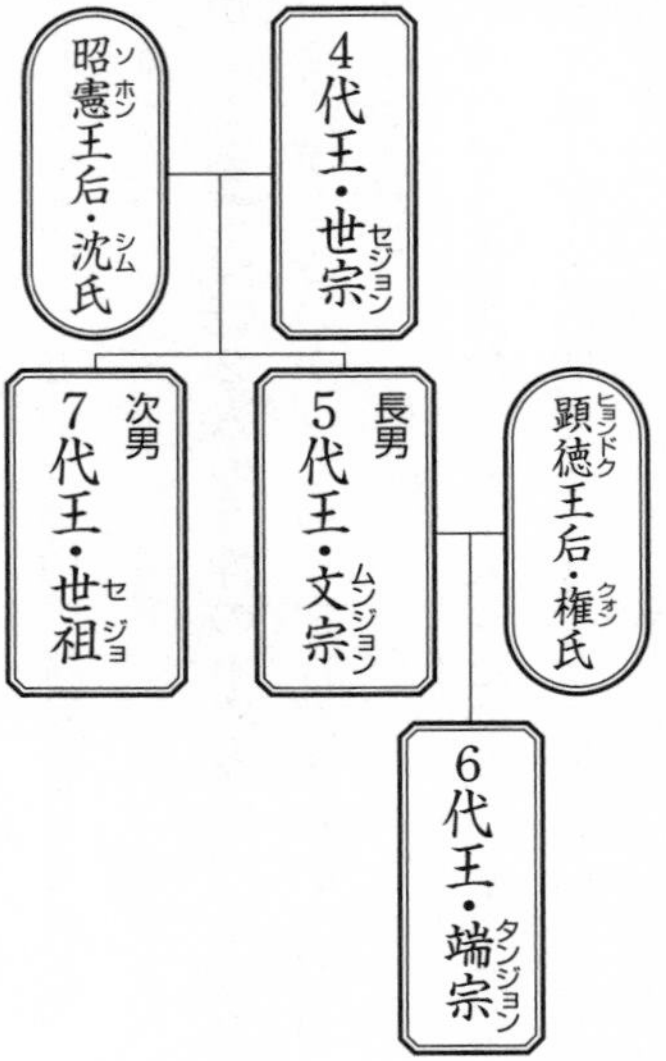

文宗の後継ぎが生まれたことで、祖父である世宗も祖母である昭憲王后・沈氏も大いに喜んだが、それも束の間、あってはならない不幸が起こってしまった。顕徳王后・権氏が出産からほどなくして亡くなってしまったのだ。

彼女はすでに側室から正室に昇格していたが、その死後に文宗は新たな正室をもとうとしなかった。それほどに顕徳王后・権氏を愛していたのだ。

いずれにしても、文宗の息子は端宗ただ一人だった。これが、結果的に後の大騒動につながってしまった。

というのは、1452年に文宗が亡くなり、端宗が即位したが、1455年に端宗は叔父に王位を奪われて、後に死罪になってしまった。

こうして7代王となった世祖《セジョ》は、野心をかなえてさぞかし得意満面であろうと人々は噂した。

しかし、人間の感情はそれほど単純ではない。端宗を死に追いやって後の憂いを絶ったと思われたのに、世祖は眠れぬ夜を過ごし続けていた。原因は、端宗の母であった顕徳王后・権氏が夢の中に現れて呪ってくるからである。

思えば、兄嫁であった顕徳王后・権氏が世祖に恨みを抱くのは当然のことだった。わが子は世祖に王位を奪われたあと殺されているし、実家の母と弟は端宗復権騒動に関わったとして死罪になっていた。その憎悪は〝恨み骨髄に徹する〟という表現でも足りないほどであったことだろう。

世祖が夢の中で顕徳王后・権氏に罵倒《ばとう》されてから、彼の周囲では不幸が重なるようになった。慟哭《どうこく》の出来事は１４５７年、長男の懿敬《ウィギョン》世子がわずか19歳で亡くなったことだ。礼儀正しく学問を好む好青年であっただけに、世祖の落胆は甚《はなは》だしかった。その直後から、宮中では噂話が絶えなくなった。

「殿下は呪われている。世子様を亡くされたのも呪いのせいだ」

決して根拠がない話ではなかった。世祖は顔の皮膚病に悩んでいたが、それができ始めたのは、夢の中で顕徳王后・権氏から顔に唾を吐かれた直後だった。そして、今度は最愛の息子までも……。

世祖は気味が悪くなって、顕徳王后・権氏の墓をつぶしてしまおうと考えた。
ところが、そこでも奇妙なことが起こった。職人が墓を掘り起こして遺体をおさめた棺を運び出そうとすると、それがビクとも動かなかったというのだ。これには、職人たちも腰を抜かした。結局、丁重な祭祀を行なって墓を清めたことで、ようやく棺を運ぶことができた。

その棺を職人たちが見知らぬ場所に放置したというから、ひどい話である。心ある人たちによって埋葬されたのがせめてもの救いだ。

一方、世祖の不幸はその死後も続いた。長男が夭逝したために次男が後を継いで8代王の睿宗《イェジョン》となったが、わずか1年2カ月の在位で世を去った。まだ19歳の若さだった。

世祖の息子は、二人とも10代で亡くなったことになる。

「甥《おい》から王位を奪った祟《たた》りだ。母の怨念《おんねん》に違いない」

顕徳王后・権氏が化けて世祖の夢に出てくるという話は、当時あまりに有名だった。しかも、因果応報は世のならいでもある。世祖は非情な方法で野心をかなえたがゆえに、悲劇的なしっぺ返しをくらったのだ。

数十年が過ぎて、11代王の中宗《チュンジョン》のときに、亡くなった文宗が単独で祭祀を受けていることが問題となった。顕徳王后・権氏の墓を復旧させよ、という声が起こり、最終的に中宗が承認した。

しかし、放置されて半世紀以上が過ぎ、顕徳王后・権氏の墓の位置がわからなくなっていた。王命を受けた担当者が困り果てていると、彼の夢の中に顕徳王后・権氏が出てきて、墓の位置を教えてくれたという。結果は、そのとおりの場所に墓があった。

こうして、顕徳王后・権氏は夫であった文宗の陵墓の横に安らぎの場所を得た。彼女は、世祖を呪い続けた王妃として後世の人たちに記憶された。一度もわが子を抱けないまま世を去った無念さを、さぞかし多くの女性たちが理解してくれたことだろう。

数多い王女の中で一番有名なのが「敬恵王女」と「貞明公主」

朝鮮王朝には特に名前が知られた王女がたくさんいたが、その中で一番有名だったのは「最も美しかった王女」と「一番金持ちだった王女」である。

それは誰のことだろうか。

順に見ていこう。

「最も美しかった王女」と呼ばれたのは敬恵《キョンヘ》王女だ。彼女は5代王・文宗《ムンジョン》の長女で、6

代王・端宗《タンジョン》の姉だ。とにかく伝説になるほど美しかったという。

それほどの美貌に恵まれたのだが、人生は不幸が続いた。

最初は文宗の娘として幸せに暮らしたのだが、弟の端宗が王になってからは涙なくしては語れない人生となった。

なにしろ、端宗は１４５５年に叔父であった世祖《セジョ》に王位を奪われて後には死罪になっている。

その影響は姉の敬恵王女にも及んだ。

彼女は叔父の世祖によって奴婢《ぬひ》にまで身分を落とされた。それでも彼女は自尊心を守り、「私は王女です」と自分を律して屈辱に負けなかった。

しかし、晩年には幸せが訪れた。世祖に許されて息子が官職に就くことができたし、娘は良家に嫁いだ。

彼女の人生は苦しみの連続だったのだが、最後は美貌にふさわしい名声を取り戻すことができた。

この敬恵王女については、「王女の男」でホン・スヒョンが美しく演じていた。

次は「一番金持ちだった王女」について。

これは文句なしに貞明《チョンミョン》公主である（公主とは国王の正室が産んだ王女という意味だ）。

彼女は14代王・宣祖《ソンジョ》の二番目の正室であった仁穆《インモク》王后の長女だ。

彼女の人生も最初はどん底だった。宣祖の王位を1608年に継いだ光海君《クァンヘグン》に疎まれて、母と一緒に離宮に幽閉された。

その際には、弟の永昌大君《ヨンチャンデグン》は島流しにされて後に殺害されている。こういう悲劇の中で、貞明公主は母と共に耐え忍んだ。

朗報がもたらされたのは1623年だった。光海君が王宮を追放されて新しく仁祖《インジョ》が即位した。

仁祖はクーデターを起こすときに仁穆王后に号令をかけてもらったので、王になった後も仁穆王后に借りを返さなければならなかった。仁穆王后の長女である貞明公主にも莫大な土地を与えたのである。

これによって、貞明公主は王族の中で一番の地主と呼ばれるようになった。その土地のおかげで子孫はずっと潤ったという。

この貞明公主は、時代劇の「華政（ファジョン）」の主人公になっている。

【垂簾聴政で国政を動かした「貞熹王后・尹氏」（7代王・世祖の正妻）】

韓国時代劇「王女の男」で貞熹《チョンヒ》王后・尹《ユン》氏は、勝気だが愛情あふれる母親として描かれている。

娘がいうことを聞かないときには竹のムチで娘のふくらはぎを何度も執拗《しつよう》に叩くが、娘が忘れられない人を思い続けていると一緒に抱き合って泣いてくれる母親なのである。それほど、「王女の男」では貞熹王后・尹氏が強烈な存在感を示している。このドラマを通して韓国でも貞熹王后・尹氏の印象が少なからずよくなったのも大いに頷《うなず》ける。

実際の貞熹王后・尹氏はどのような女性であったのだろうか。

彼女は1418年に官吏の娘として生まれた。

1428年、ちょうど10歳のときに、4代王・世宗《セジョン》の次男であった首陽《スヤン》と結婚したが、そのときの逸話が面白い。実は、王室の代理人は最初、貞熹王后・尹氏の姉を候補にあげて実家を見に行った。そのとき、母の陰に隠れて代理人をのぞき見ていたのが貞熹王后・尹氏であり、代理人が彼女の美しさに感心して、妹のほうを王家の嫁に推薦した。

姉のことが気の毒になるが、首陽としては貴重な宝を見つけたも同然だった。後年、首陽は政変に乗じて王朝の最高実力者にのしあがるが、その行動を起こす直前に一瞬の躊躇《ちゅうちょ》があった。すると貞熹王后・尹氏は、迷う首陽に鎧《よろい》を着せ、気合を入れて送り出したという。政変は成功したが、その陰には妻の強気な後押しがあったのである。

1455年、首陽は甥の6代王・端宗《タンジョン》から強引に王位を奪って7代王・世祖《セジョ》となった。貞熹王后・尹氏は、王とは無縁の次男に嫁いだのに、思わぬ展開で〝国母〟の地位に上がることになった。

誰もが羨《うらや》む女性最高の地位。しかし、貞熹王后・尹氏は幸せを感じるいとまがなかった。長男の懿敬《ウィギョン》がわずか19歳の若さで1457年に亡くなったのだ。

頭がよくて礼儀正しい自慢の息子だった。貞熹王后・尹氏は、わが子を助けたい一心で、王宮内で特別に大勢の僧侶を集めて死を遠ざけるための祈祷《きとう》を行なったが、病は治らなかった。

貞熹王后・尹氏は長男の霊をなぐさめるために寺を建て、熱心に祈り続けた。彼女は仏教に傾倒していくことで、崩れかけた自分の気持ちを支えた。

世祖が1468年に世を去ると、その次男が8代王・睿宗《イェジョン》として即位した。貞熹王后・尹氏は王の母になったのである。しかし、再びの悲劇が襲う。睿宗は在位1年2カ月で急死した。

貞熹王后・尹氏は母親として二度も地獄を味わった。しかし、悲嘆に暮れてばかりはいられなかった。あまりに睿宗の治世が早く終わりすぎて、後継者がまだ決まっていなかったからだ。

候補は三人いた。睿宗の息子の斉安《チェアン》、懿敬の長男・月山《ウォルサン》と次男・者山《チャサン》だった。

最有力候補はもちろん斉安だった。前王の直系に当たるからだ。しかし、斉安がまだ3歳で幼すぎるという理由で、貞熹王后・尹氏が大反対した。

残るは月山と者山の二人だ。月山は15歳で者山は12歳だった。どう考えても年上の月山が次の王にふさわしいと思われた。

意外にも、貞熹王后・尹氏が指名したのは者山だった。彼女は「世祖が者山を高く評価していた」「月山は病弱だ」と根拠を述べたが、高官たちは釈然としなかった。者山が月山をさしおいて王位に就く決定的な理由になっていなかったからだ。

裏にどんな策略があるのか。

貞熹王后・尹氏の決定には疑念がもたれた。

そのとき、貞熹王后・尹氏は51歳だった。夫をけしかけて政変を起こさせたほど勝気な女性は、今や権力に固執する政治的な女性に変貌していた。

彼女が者山を選んだ理由はただひとつ——12歳の少年であれば自分が垂簾聴政をして

政治を操れるからだった。

しかも、者山は政界の実力者の韓明澮《ハンミョンフェ》の娘を嫁にしていた。者山を王位に就ければ、韓明澮の後ろ楯《だて》をしっかり得られることも利点だった。

貞熹王后・尹氏は自分の都合に合わせて亡き長男の次男を王位に就けた。それが9代王の成宗《ソンジョン》だった。

成宗は生後わずか2カ月で父（懿敬）が他界したため、父の顔を知らずに育った。不憫《ふびん》に思った貞熹王后・尹氏は、成宗が小さいときからよくかわいがった。成宗も祖母の貞熹王后・尹氏によくなついていて、彼女の垂簾聴政を不満もなく受け入れた。

貞熹王后・尹氏は、王権の安定に最大限の注意を払った。特に、王位からはずされた月山と斉安が将来の火種を生まないように、二人を王族として最高の格で遇した。

垂簾聴政をした7年間は、貞熹王后・尹氏にとって夢のような時間だった。男尊女卑の厳しい社会で女は政治の表舞台に足を踏み入れることもできなかったが、彼女は王さえも支配する立場に君臨した。

引き際を間違えなかったところも聡明だった。1476年、19歳になって一人前になった成宗に政治を委ね、貞熹王后・尹氏は潔く身を引いた。晩年は温泉に入ることを楽しみながら過ごした。

亡くなったのは1483年。温泉地を訪ねていた65歳の貞熹王后・尹氏は現地で息を引き取った。実に静かな終わり方だった。

夫を王に就かせ、後には王の母と祖母になった。しかも、垂簾聴政で政権を自在に操った。息子たちが夭逝するという悲劇はあったが、自らの望みをなんでもかなえた希有《けう》な人生だったのではないか。

【父と息子を光海君に殺された「仁穆王后・金氏」(14代王・宣祖の正妻)】

14代王・宣祖《ソンジョ》は、1592年に豊臣軍に攻められたとき、早々と王宮を捨てて北方に逃げ出したことで、庶民から評判の悪い王であった。

彼は最終的に14人の息子と11人の娘をもうけたが、正室の懿仁《ウィイン》王后・朴《パク》氏は子供を産むことができなかった。彼女は1600年に45歳で亡くなり、宣祖は1602年に継妃を迎えた。それが、18歳の仁穆《インモク》王后・金《キム》氏だった。このとき、宣祖は50歳だった。

それから4年後、仁穆王后・金氏は男子を出産した。宣祖にとっては初めて正室から生まれた息子だったために、彼はその永昌《ヨンチャン》大君《デグン》を特別に可愛がった。ぜひとも後継ぎにしたいと考えていたが、すでに世子には側室が産んだ光海君《クァンヘグン》が決まっていて、覆《くつがえ》すのは容易ではなかった。

　宣祖がもっと長生きしていれば、世子を永昌大君に替えることも可能だっただろうが、彼は１６０８年に２歳の息子の将来を心配しながら亡くなった。

仁穆王后・金氏をめぐる人物相関図

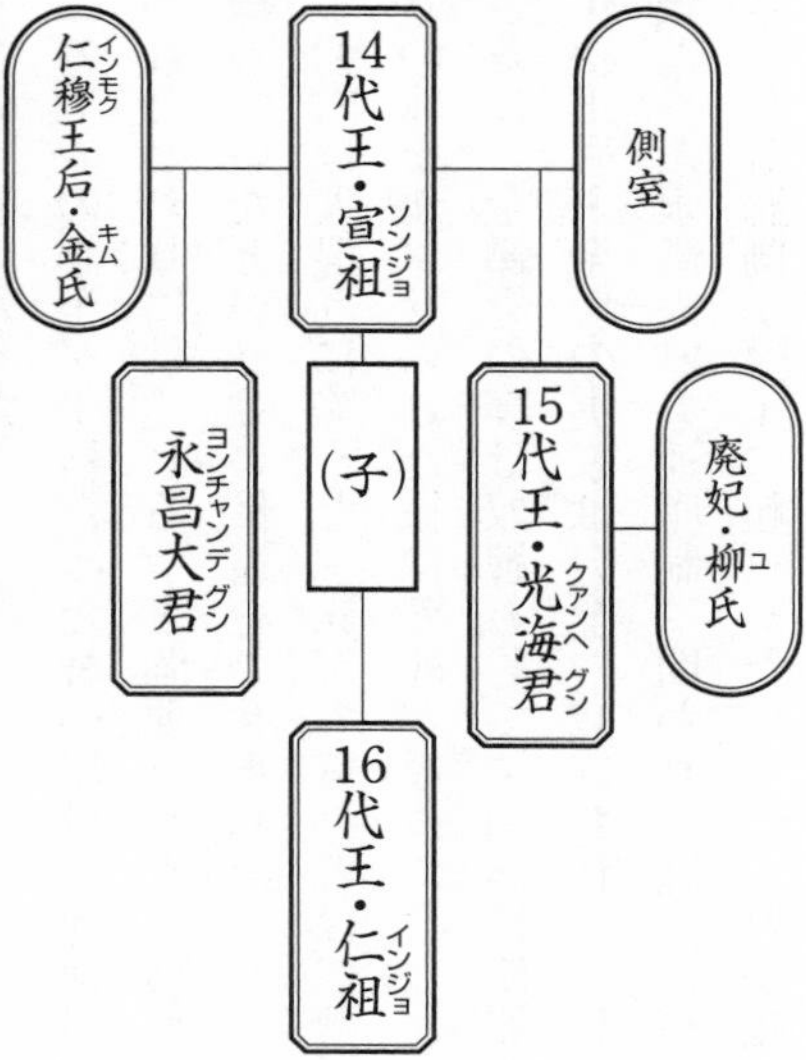

※宣祖には25人の子供がいたが、正室から生まれた息子は永昌大君だけであった

「くれぐれも永昌大君をよろしく頼む」

　宣祖は有能な側近たちにそう遺言していた。しかし、２歳では王に就くことができないのも明らかだった。

　結局、光海君が新しい王として即位したが、彼の一派は永昌大君が将来王位をねらう可能性があると見なし、早めに排除することを画策した。

　格好の口実を与えたのが、１６１３年に起きた「七庶の獄」だった。

　それは、名声が高かった７人の庶子

が賢人を気取って酒盛りを繰り返していた最中に、強盗殺人事件の疑いでそろって逮捕されるという事件だった。

この7人のリーダー格だった朴応犀《パクウンソ》は、光海君派の重臣から「命が助かりたかったら、言われたとおりに供述しろ」と強要された。結局、朴応犀は永昌大君を王に擁立する計画を練っていたという嘘《うそ》の供述をさせられた。

王朝内は大混乱に陥った。謀叛《むほん》の首謀者は仁穆王后・金氏の父である金悌男《キムジェナム》と見なされ、偽りの罪をかぶせられた彼は死罪となった。

さらに、金悌男の妻は奴婢として済州島《チェジュド》に流罪となってしまった。

仁穆王后・金氏の実家は完全に滅ぼされた。しかし、ことはそれで済まなかった。まだ7歳だった永昌大君も連座制に問われ、庶民に格下げされたうえに江華島《カンファド》に流された。

さらなる悲劇が翌年に起こった。永昌大君が寝ている屋敷に光海君派の刺客たちが忍び込み、彼の部屋に鍵をかけてからオンドルを異様に高温にした。永昌大君は泣き叫んだが、どうしようもなかった。

愛する息子が亡くなったという知らせを仁穆王后・金氏は幽閉先の西宮《ソグン》(現在の徳寿宮《トクスグン》)で聞いた。家族をことごとく失い、生きる気力さえなくなった。

憔悴《しょうすい》しきった彼女をさらに襲ったのは、大妃という身分の剥奪《はくだつ》だった。実母ではないとはいえ、光海君にとって仁穆王后・金氏は母であった。その母を廃妃に処すというのは、朝鮮王朝でも前代未聞のことだった。

仁穆王后・金氏は復讐の鬼と化した。そんな彼女にもたらされた朗報が1623年の仁祖反正《インジョバンジョン》だった。宣祖の孫であった綾陽君《ヌンヤングン》を擁立する一派がクーデターを起こして、光海君を追放したのである。

28歳だった綾陽君は16代王・仁祖《インジョ》として即位したが、彼は仁穆王后・金氏を再び大王大妃（王の祖母）として遇し、永昌大君の名誉も回復させた。

復権した仁穆王后・金氏が不満だったのは、仁祖が光海君を流罪にしただけでなかなか死罪にしなかったことだ。

「何をしている。早く奴《やつ》を殺しなさい」

仁穆王后・金氏は再三にわたって仁祖に光海君の殺害を要請した。憎き光海君が生きているのでは、父と息子の無念を晴らせなかったのだ。

しかし、仁祖は光海君の命を奪うつもりはなかった。

仮にも王であった人物を殺害すれば、世間からどんなに糾弾《きゅうだん》されるかわからない。ぜひとも悪評を避けたかったのだ。

光海君の死を願いながら、幼くして亡くなった息子の冥福《めいふく》を祈り続けた仁穆王后・金氏。

彼女は1632年に48歳で世を去った。光海君は流罪先の済州島でさらに9年も生き、1641年に66歳で息を引き取った。

さぞかし仁穆王后・金氏も、長生きをして光海君の死を父母や息子に報告したかったことだろう。

彼女の人生は恨みばかりが残るものであった。

【夫と一緒に王宮から追放された「廃妃・柳氏」(15代王・光海君の正妻)】

自分より8歳も若い女性が舅《しゅうと》の後妻として嫁いできたら、どんなふうに接したらいいのだろうか。

そんな難題が生じて、柳《ユ》氏はほとほと困惑してしまった。

「たとえ年下であっても姑《しゅうとめ》に違いはない。機嫌をそこねないように尽くさなければならないけれど……」

柳氏の悩みは深くなるばかりだった。

きっかけは、14代王・宣祖《ソンジョ》の再婚だった。彼は正妻の懿仁《ウィイン》王后・朴《パク》氏が1600年に亡くなると、2年後には18歳の仁穆《インモク》王后・金《キム》氏を次の王妃に迎えた。

当時の王は再婚のときに未婚の若い女性を嫁にするのが慣例だったので、この結婚自体は何ら不思議ではなかった。ただし、宣祖の次男であった光海君《クァンヘグン》に嫁いでいた柳氏はそのとき26歳で、8歳も下の姑が突然誕生して接し方に苦慮した(柳氏に関しては173ページの人物相関図を参照)。

不幸にも、柳氏と仁穆王后・金氏の相性はよくなかった。二人の不和は王宮で知らない人がいないほど深刻になっていった。

しかし、その不和に決着がつく日がやってきた。宣祖が1608年に世を去り、光海君が15代王として即位したからだ。

柳氏は王妃となり、彼女の弟や甥も次々と高官にのぼりつめた。

だが、1623年、反対勢力がクーデターを起こし、光海君は王位を追われた。ここから柳氏一族の没落が始まった。

光海君と柳氏は息子夫婦と一緒に江華島に流罪となった。

その途上の船の中で、柳氏は光海君に自決を迫った。

「生きて恥さらしになるより、潔く死にましょう」

そう迫った柳氏。自分たちの敗北を認め、死を選ぶことで恥の上塗りを避けようとした。

しかし、光海君は応じなかった。

彼は廃位となって追放されたが、生に未練がありすぎた。たとえ辱《はずかし》めを受けても死を恐れ続けた。

それは、悲劇の連鎖という運命を招いた。江華島に着いたあと、息子夫婦は逃亡を画策したことが発覚して自決した。

この出来事は生に未練がなくなっていた柳氏に最後の決断を促した。彼女は息子の後を追うように首をくくって死んだ（病気で亡くなったという説もある）。

今でも彼女を語るときに「廃妃」という呼称がつきまとう。罪人として死んだために尊号を受けられず、他にたいした呼び方がないためだ。それは、なんと不名誉なことであろうか。

ひどい仕打ちを受けた「昭顕世子の妻・姜氏」（16代王・仁祖の長男の正妻）

光海君を追放して仁祖《インジョ》が16代王として即位したことで、長男であった昭顕《ソヒョン》の運命も大きく変わった。本来なら、王族の一員とはいえ政治の中枢から遠い場所で一生を送らなければならなかったのに、一転して世子となり次代の王位が約束されたのである。15歳のときに姜《カン》氏一族の娘を嫁に迎えると、次々に三人の息子も生まれ、昭顕は世子として順調な日々を過ごしていた。

昭顕をめぐる人物相関図

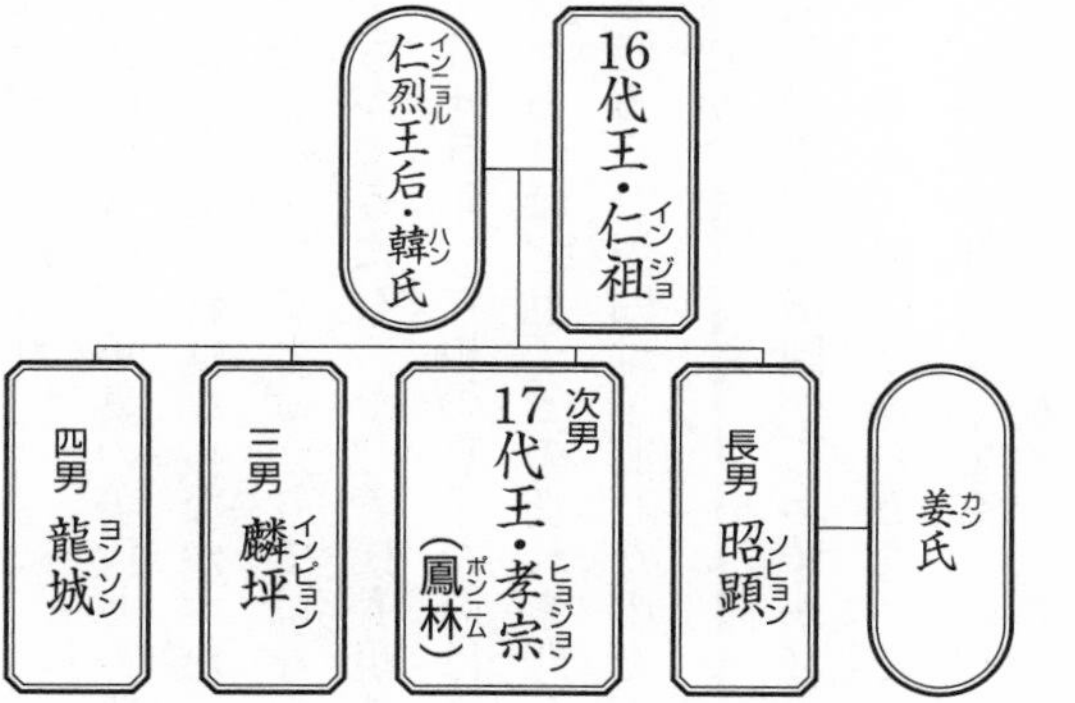

そんな昭顕の運命を大きく変えたのが、1636年に起こった「丙子胡乱《ピョンジャホラン》」である。朝鮮王朝は侵攻してきた清に屈伏し、仁祖は清の皇帝の前でひざまずいて謝罪した。それは、長い朝鮮王朝の歴史の中で、王が最も恥をかかされた瞬間だった。

このときに清が朝鮮王朝に突きつけた降伏条件は過酷だった。「清に対して君臣の礼をとる」「明との友好を断絶する」「清が明を攻めるときは援軍を送る」といった項目の他に、「王の息子を人質として清に送る」ということも強要された。朝鮮王朝はこれらを受け入れざるを得なくなり、仁祖は息子の昭顕、鳳林《ポンニム》、麟坪《インピョン》を清に送った。息子たちと別れるとき、仁祖はずっと慟哭《どうこく》していたという。それほど別れが辛かったのだ。

昭顕の場合は、正妻の姜氏と一緒に清の瀋陽《しんよう》に送られた。夫婦は若くして異国での人質生活に耐えなければならなかった。

ただし、辛いことばかりではなかった。昭顕は清に滞在中に西洋人とも交流し、広い視野をもつようになった。姜氏も現地で活動的に動いて夫を支えた。

1645年、仁祖の息子たちはようやく人質から解放されて、久しぶりに祖国に戻ってきた。あれほど息子との別れを悲しんだ仁祖のことだから、さぞかし温かく昭顕夫妻を迎えるだろうと周囲は予測したのだが、結果はまるで逆だった。仁祖の態度はゾッとするほど冷たかった。

失意の昭顕は帰国からわずか2カ月で急死した。仁祖によって毒を盛られたという説が有力である。外国かぶれとなった長男を仁祖が許さなかったというのがその理由とされている。昭顕の葬儀にしても、仁祖は前例がないほど格を落とし、世子としての尊厳も傷つけた。

こうなると、次の標的にされるのは姜氏だった。本来は次の王妃になるはずの嫁を、仁祖は陰湿な方法で追い詰めた。

まず仁祖は、次男の鳳林を世子にした。本来なら、世子であった昭顕が亡くなれば、その息子が新しい世子に指名されるのが常だった。こうした慣例を無視して、仁祖は強引に世子を鳳林に変えてしまった。

姜氏は二重の衝撃を受けた。夫を失った挙げ句、息子の王位継承権まで奪われたのだ。さらに追い打ちをかけるように、彼女の兄弟たちが流罪となった。

「なぜ私たちがこんな目に遭わなければならないのか……」

姜氏が号泣する姿が側近たちによって何度も目撃されている。

そんな彼女を救える人は、すでに宮中にいなかった。むしろ、仁祖の意を汲《く》んで彼女に罪をなすりつけようという輩《やから》が多かった。

その中で1646年に「アワビ事件」が起こった。これは、仁祖が食べるアワビに毒が盛られていたという騒動だった。

犯人探しが始まったが、真っ先に疑われたのが姜氏だった。彼女がそんな大それたことをするのは不可能だったのに、仁祖の息がかかった者たちが口をそろえて姜氏の疑惑を並べ立てた。

冤罪《えんざい》を弁明する機会もなく、姜氏は庶民に落とされ、実家で賜薬を与えられた。これほど無念の死があろうか。しかも、三人の息子も済州島に流罪となり、上の二人は疑惑が残る死に方をした。

このように、姜氏の親族は根こそぎ排除された。それは、鳳林が王になるうえで心配の種となっている一族の抹殺《まっさつ》を意味していた。

昭顕夫妻にとって、人質として瀋陽にいるときが、外国の文物に触れて一番幸せだったのかもしれない。二人は視野を広げて開化思想に触れたがゆえに、保守的な王に嫌われて命を失った。

【廃妃のあと王妃に返り咲いた「仁顕王后・閔氏」（19代王・粛宗の正妻）】

19代王・粛宗《スクチョン》の母の明聖《ミョンソン》王后・金氏は、大変わがままな人だった。

特に人の好き嫌いが激しく、粛宗が見初めた女官の張禧嬪《チャンヒビン》がとても嫌いで、明聖王后・金氏はしばらくして張禧嬪を王宮から追い出してしまった。

その後、1681年に粛宗は再婚して二番目の王妃として仁顕《イニョン》王后・閔《ミン》氏を迎えた（最初の王妃はすでに病気で亡くなっていた）。

仁顕王后・閔氏は、あまりに人がよすぎた。張禧嬪に同情を示したのだ。

「殿下に気に入られている女官ですから、もう一度呼んであげるのがふさわしいのではないでしょうか……」

仁顕王后・閔氏がそう進言すると明聖王后・金氏は反対した。

それでも、仁顕王后・閔氏は張禧嬪を弁護した。

その明聖王后・金氏が1683年に亡くなったあと、仁顕王后・閔氏の進言によって粛宗は張禧嬪を呼び戻した。

ところが、張禧嬪は感謝するどころか、仁顕王后・閔氏に対して「自分がいかに粛宗に愛されているか」を見せつけてばかりいた。

その後、仁顕王后・閔氏が張禧嬪を呼んで諭そうとすると、横柄な態度を示したり無視したりした。

仁顕王后・閔氏としては辛い立場になってしまった。しかも、張禧嬪はわがままな性格だったので、仁顕王后・閔氏が優しく声をかけても無視するようになった。ついに、仁顕王后・閔氏は張禧嬪に対して厳しい態度を取るようになった。

こうして、仁顕王后・閔氏と張禧嬪の対立が激しくなっていったのだ。

しかし、粛宗は相変わらず張禧嬪のところに通い続けた。

なぜ、これほどまで粛宗は張禧嬪に惚れていたのか。

朝鮮王朝の歴史を記した「朝鮮王朝実録」では、張禧嬪のことを絶世の美女のように書いている。やはり、粛宗も張禧嬪の美貌に心を奪われたのだ。
他の歴史書を見ると、仁顕王后・閔氏も相当な美女であったようだが、それでも粛宗は張禧嬪を選んだ。さらにいうと、仁顕王后・閔氏は粛宗の子供を産むことができなかった。結局、粛宗の息子を最初に産んだのは張禧嬪であり、これで張禧嬪の立場はさらに強くなった。

こうして、粛宗は1689年に仁顕王后・閔氏を離縁して実家に帰したあと、空いた王妃の座に張禧嬪を昇格させた。

この時点で張禧嬪は栄華をきわめ、仁顕王后・閔氏は惨めな境遇となった。しかし、5年後の1694年、粛宗は廃妃にした仁顕王后・閔氏を再び王妃に戻す決心をした。張禧嬪があまりに横暴すぎて墓穴を掘ったのだ。

仁顕王后・閔氏の王妃への復活は、多くの高官たちに歓迎された。それほど彼女には人望があったのだ。

それまでの朝鮮王朝の歴史の中で廃妃になった王妃は何人もいたが、王妃に復位したのは仁顕王后・閔氏が初めてであった。

それを可能にしたのが彼女の聖女のような人望だった。その点では張禧嬪と対照的だったといえる。

実家のために夫を見放した「恵慶宮・洪氏」（22代王・正祖の母）

22代王・正祖《チョンジョ》の実母として知られる恵慶宮《ヘギョングン》・洪《ホン》氏。彼女は朝鮮半島でも長く同情を集めてきた女性だった（彼女に関しては30ページの人物相関図を参照）。

なにしろ、夫の荘献《チャンホン》（後の思悼世子《サドセジャ》）は21代王・英祖《ヨンジョ》の息子として世子の身分でありながら、英祖によって米びつに閉じ込められて餓死させられていた。やがては王妃になる立場だったのに、恵慶宮・洪氏は一転して罪人の妻に身を落としたのだ。同情を集めるのに十分な理由があった。

その恵慶宮・洪氏が荘献と結婚したのは1744年のことで、夫婦とも9歳で同年齢だった。

8年後の1752年には長男の正祖も生まれ、恵慶宮・洪氏の人生は順風満帆だった。それを反転させたのが、1762年に起きた〝餓死事件〟だった。

英祖が荘献を残酷な死に至らしめたのは、荘献の素行の悪さを側近から執拗《しつよう》に聞かされたからだったが、そこには高官同士による激しい派閥闘争がからんでいた。いわば荘献は党争の犠牲になったともいえる。不可解なのは、恵慶宮・洪氏が夫の助命を願い出ていないことだ。ほぼ静観に近いのである。

これは一体どうしたことだろうか。

本当に恵慶宮・洪氏は〝同情〟に値する女性だったのだろうか。

時代劇「イ・サン」の第1話では、息子のサンを前にして、恵慶宮・洪氏がこう嘆いている。

「あんまりです。こんなことが許されるなんて……。一国の世子でいらっしゃるのに、助けてくれる人もおらず、こんな形で逝かなければならないのですか」

この言葉に対して、サンは涙ながらにこう訴えている。

「なぜ知らないふりをしているのですか。僕は知っています。母上やおじい様が知らないふりをしているのは、僕のためではないですか。父上がお亡くなりになっても、僕がいるから……。僕が王位に就けばいいからではないですか。そこまでして上がらなければいけない王位ならば、僕はなりたくありません」

ここでいう〝おじい様〟とは、恵慶宮・洪氏の父である洪鳳漢《ホンボンハン》をさしている。

史実において洪鳳漢は、荘献と対立する派閥に属していた高官だった。そのため、洪鳳漢は義父でありながら荘献の罪をとがめる役割を演じている。

もし荘献が罪を許されて王位に就いた場合には、洪鳳漢は間違いなく粛清《しゅくせい》される運命にあった。それを察知していた恵慶宮・洪氏。実家の没落を防ぐためにも、荘献に生きていてほしくなかった……、という推理も成り立つ。

しかも、荘献と恵慶宮・洪氏の夫婦仲は冷めきっていたと見られている。荘献は精神的に不安定で、かなり妻に八つ当たりしていたようだ。

恵慶宮・洪氏にしてみれば、たとえ夫が亡くなっても、その次に息子が即位する可能性が高かった。しかも、実家の将来もかかっていた。夫の助命を嘆願しなかったのは、さまざまな計算が働いた結果であったといえる。

彼女は当初、恵嬪《ヘビン》と呼ばれたが、1776年に息子が正祖として即位すると、その実母ということで恵慶宮に昇格し、さらに亡き夫が〝荘祖《チャンジョ》〟として追尊（後に尊号を受けること）されたときに献敬《ホンギョン》王后・洪氏という尊号を受けた（さまざまな呼び名があるが、今の韓国では恵慶宮・洪氏と呼ばれるのが一般的だ）。

結局、恵慶宮・洪氏にとって息子の正祖の即位は、実家の没落を意味していた。正祖は父の死に関係した者たちを許さなかったため、恵慶宮・洪氏の親族たちは次々に処分されることになった。

彼女は、なんとしても実家の名誉だけでも守りたいと願うようになった。それが「恨《ハン》中録《ジュンノク》」の執筆につながった（書名は韓国で「閑中録」と表記されることもある。ハングルでは〝恨〟と〝閑〟の音がともに〝ハン〟で明確に区別できないためだ)。

「恨中録」は1795年に発表されたもので、私小説風の回顧録である。子供の頃の思い出から宮中での生活が細かく記されているが、実家の洪一族を擁護《ようご》する記述が目立つ。彼女はやはり最後まで実家を守りたかったのだろう。

1815年、恵慶宮・洪氏は80歳で世を去り、亡き夫の陵に合葬された。米びつの中で苦悶《くもん》しながら息絶えた夫には、どんな声をかけてあげたのだろうか。

朝鮮王宮なるほどQ&A（4）

Q. ソウルにあるそれぞれの王宮はどんな位置関係にあるのですか。

A. 最も有名な王宮である景福宮《キョンボックン》は、ソウル駅から北に2キロ行った場所にあります。朝鮮王朝が建国された当時、風水によるとその場所が都の中で最も〝気〟がみなぎっているとされました。今でもソウルの中心地にふさわしい場所です。

その景福宮から東に1キロ行ったところに昌徳宮《チャンドックン》があり、その右側に昌慶宮《チャンギョングン》が隣接しています。二つの王宮は並んでいますので、いっぺんに見学することができて便利です。

また、徳寿宮《トクスグン》はソウル駅と景福宮のちょうど真ん中にあります。斜め前がソウル市役所になっています。

景福宮を中心と考えれば、東1キロに昌徳宮と昌慶宮

＜ソウル市内の各王宮の位置＞

があり、南1キロに徳寿宮があります。1日かければすべてをゆっくり見学することができます。ルートとしては、景福宮、昌徳宮、昌慶宮、徳寿宮の順にまわるのがお勧めです。

Q. ソウルの王宮見学で特に人気がある場所はどこですか。

A. ドラマ「トンイ」で兄のようにトンイを守るチョルス役を演じた俳優のペ・スビンが自信をもって勧める場所があります。彼は2011年10月12日に東京の韓国文化院で行なわれた「トンイ」の公開記者会見で「ソウル観光でお勧めのスポットは？」と質問されて次のように答えました。

「それは昌徳宮の奥にある〝秘苑《ピウォン》〟です。秘密の庭園という意味合いがあるのですが、みなさんも一度行けば惚《ほ》れ込んでしまうと思います。世界遺産にも登録されていますので、ぜひ一度行ってみてください」

彼は俳優になっていなかったら旅行ガイドになりたかったそうです。そんな彼が強く推薦していたのですから、その言葉に説得力がありました。

ペ・スビンがソウルで一番好きだという〝秘苑〟は、美しい緑の中に神秘的な池がある静かな庭園です。そこに佇《たたず》んでいると、ソウルの都心にいてもまるで自然の豊かな景勝地にいるような気持ちになってくることでしょう。

Q・王と王妃は早婚だったようですが、庶民の結婚事情はどのようになっていましたか。

A・朝鮮王朝では世子《セジャ》（王の後継者）が決まれば早めに結婚させるようにしていました。平均しても、世子は10歳前後で結婚しています。その際、妻となる女性が世子より年上となるケースも多かったようです。それは、子を宿すということを優先的に考えていたことが理由のひとつです。世子が肉体的に成熟した段階で早めに後継者をつくれるように〝姉さん女房〟がよく選ばれたのです。

一方、王家と違って庶民の場合は、法的に10代前半での結婚が禁止されていて、男女は10代後半に結婚するのが普通でした。20代になると独身の男女はほとんどいないといわれていましたから、誰もが10代までに結婚を終えたのでしょう。

とはいえ、儒教が生活の隅々まで浸透していた朝鮮王朝時代には、〝結婚は家と家がするもの〟という意識が強く、女性は親が決めた男性と結婚するのが当然でした。そういう意味では、結婚相手を選ぶ自由はなかったといえます。また、朝鮮王朝の前期には、結婚後も男性が女性の家で暮らす例が多かったのですが、17世紀以降には新婦が新郎の家に行って暮らすことが一般的になりました。

Q. 王妃になりながら廃妃になった人はどのくらいいたのですか。

A.

朝鮮王朝の法律に沿って王が正式に決定されたように、王妃もまた厳格な法を適用されて決められていました。それだけに、王妃を廃妃にするのは容易ではないのですが、実際には多くの王妃が廃妃になっています。

一番悲惨なのは、夫がクーデターで王位を追われたことで廃妃になったケースです。10代王・燕山君《ヨンサングン》の正妻だった慎氏《シン》、15代王・光海君《クァンヘグン》の正妻だった柳氏《ユ》が該当します。彼女たちには尊号が贈られませんでしたから、歴史的にも「廃妃・慎氏」「廃妃・柳氏」としか呼ばれません。〝廃妃〟という冠が永久についてまわるのです。

理不尽な形で廃妃となったのは、11代王・中宗《チュンジョン》の最初の正妻だった端敬《タンギョン》王后・慎氏《シン》です。本人に落ち度はまったくなかったのですが、彼女の親族に燕山君の妻や側近がいるという理由で、中宗が望まないのに高官たちによって廃妃が決められてしまいました。庶民から同情を多く集めたのも当然のことでしょう。

一方、王の寵愛を失って離縁させられたのが、9代王・成宗《ソンジョン》の二番目の正妻だった斉献《チェホン》王后・尹氏と、19代王・粛宗《スクチョン》の二番目の正妻だった仁顕《イニョン》王后・閔氏《ミン》です。しかし、二人の廃妃後の運命は決定的に違います。尹氏が死罪になったのに対し、閔氏は劇的な形で再び王妃に復帰しています。

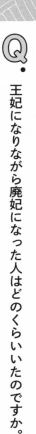

両者には天と地ほどの開きがありますが、閔氏が王妃に復帰できたのは人徳があったからでしょう。

彼女は廃妃になって実家に戻った際も、「私は罪人だから」という理由で離れの粗末な小屋で暮らしたと伝えられています。

その謙虚な生き方が後に粛宗の気持ちを改めて動かし、彼女は王妃に復帰できたのでしょう。

Q・王妃の姓を見ると「金《キム》」「尹《ユン》」「韓《ハン》」が特に多いようですが、それはなぜでしょうか。

A・歴代王27人の妻となった王妃42人の姓を調べてみますと、一番多いのが「金」の10人で、「尹」の6人、「韓」の5人と続いています。この3つが王妃の姓のベスト3というわけです。

「金」は昔も今も朝鮮半島の人口の20％以上を占める〝圧倒的に一番多い姓〟ですから、王妃の姓に多いのも納得できます。しかし、「尹」と「韓」の場合は五大姓（人口が多い五つの姓のこと）にも入っておらず、人口と比べても〝意外なほど多く王妃になっている〟というのが実感です。

特に、朝鮮王朝の前期には、「尹」と「韓」の一族から立て続けに王妃が出ています。

ここにはどんな理由があるのでしょうか。

実は、朝鮮王朝の前期に「尹」と「韓」の一族は多くの功臣や学者を輩出していて、名門中の名門といえる存在でした。

儒教社会は家の格を重視する傾向が特に強く、「尹」と「韓」は〝家柄がいい〟という理由で王妃に選ばれることが多かったのです。

また、両者の一族には高官が多く、王妃の決定に影響力を及ぼせる状況にありました。そのことも、王妃の姓に「尹」と「韓」が多い理由となっています。

なお、「李《イ》」も人口が非常に多い姓ですが、この姓の女性は一人も王妃になっていません。理由は簡単です。王の姓が「李」だったからです。

古くから朝鮮半島では同姓の男女は結婚しないという社会規範がありましたので、王妃に「李」の姓がいないのです。

王妃から見た朝鮮王朝の歴史

第1章から第4章まで紹介した史実に沿って、朝鮮王朝の歴史を王妃の立場から年代順に見ていきます。朝鮮王朝の全体の流れをつかむうえで役に立ちます。

初期の朝鮮王朝

李成桂《イソンゲ》は1392年に朝鮮《チョソン》王朝を開いて、初代王・太祖《テジョ》となった。

太祖の最初の妻は、神懿《シヌイ》王后・韓《ハン》氏で、夫婦には息子が6人いた。上から芳雨《バンウ》、芳果《バングァ》、芳毅《バンウィ》、芳幹《バンガン》、芳遠《バンウォン》、芳衍《バンヨン》だった。

朝鮮王朝の前の高麗《コリョ》王朝では、夫が複数の妻をめとることが認められていて、太祖には第二夫人の神徳《シンドク》王后・康《カン》氏がいて、二人の間には七男の芳蕃《バンボン》と八男の芳碩《バンソク》が生まれていた。

1391年、太祖が朝鮮王朝を創設する前年に神懿王后・韓氏は54歳で亡くなった。そのため、太祖はよけいに神徳王后・康氏を寵愛するようになり、八男の芳碩を世子《セジャ》（王の後継者）に指名した。

そのとき、芳碩はわずか10歳にすぎなかったのだが、神徳王后・康氏の強い要望がかなった結果だった。

この決定は、朝鮮王朝を混乱させた。太祖の後継者にふさわしいのは実力者だった五男の芳遠と思われていたからだ。この過程で神徳王后・康氏と芳遠の対立は決定的になってしまった。

1396年、神徳王后・康氏は40歳で世を去った。これを機に芳遠は攻勢に転じ、1398年に決起して異母弟の芳蕃と芳碩を殺し、政権を掌握した。隠居同然だった太祖はこの骨肉の争いを傍観するしかすべがなかった。

用心深い芳遠は先に兄の芳果を2代王に祭り上げたうえで、1400年にようやく3代王・太宗《テジョン》として即位した。

太宗の正妻は元敬《ウォンギョン》王后・閔《ミン》氏で、夫が王になるために大きな働きをした功労者であった。しかし、太宗が即位後に側室をあまりに多く抱えたために夫婦仲が極端に悪くなった。

太宗は外戚の力を牽制することが王朝の存続につながると考え、1410年に元敬王后・閔氏の複数の兄弟たちを処刑した。そのことを元敬王后・閔氏がとても恨んだので、太宗の側近たちは彼女の廃妃を主張した。

しかし、太宗はそれに応じなかった。今までの〝内助の功〟と息子を四人も産んでくれたことを恩に感じたからだ。

その息子の中で、三男だった忠寧《チュンニョン》が1418年に4代王・世宗《セジョン》となった。それを見届けてから、元敬王后・閔氏は1420年に55歳で世を去った。

世宗の正室は、昭憲《ソホン》王后・沈《シム》氏だった。

彼女の父や叔父は政権の中枢を握るほど権勢を誇ったが、外戚が強くなりすぎることを警戒する太宗（世宗に譲位して上王になっていた）の謀略によって失脚。昭憲王后・沈氏の実家は没落した。

彼女にとってはあまりに悲しい出来事だったが、世宗は妻を愛し、夫婦は8男2女に恵まれた。昭憲王后・沈氏は1446年に51歳で亡くなり、〝朝鮮王朝最高の聖君〟の世宗も1450年に53歳で世を去った。

世宗の長男が5代王・文宗《ムンジョン》として即位したが、病弱によって2年で亡くなり、その息子がわずか11歳で6代王・端宗《タンジョン》となった。

端宗の母は文宗の正妻だった顕徳《ヒョンドク》王后・権《クォン》氏だったが、彼女は端宗を産んだ直後に世を去っていた。

つまり、王となった端宗には父も母もいなかったのだ。

そこにつけこんだのが、世宗の次男だった首陽《スヤン》だった。彼は端宗の後見人だった高官の金宗瑞《キムジョンソ》を1453年に殺害し、さらに忠臣たちの命を次々に奪っていった。端宗は孤立し、首陽に脅《おど》かされる形で王位を譲らざるを得なくなった。こうして首陽は1455年に即位して7代王・世祖《セジョ》となった。

世祖の正妻は、貞熹《チョンヒ》王后・尹《ユン》氏である。彼女は勝気な女性で、首陽が政変を起こす直前に躊躇《ちゅうちょ》したとき、迷う彼に鎧《よろい》を着せて送り出している。その政変が成功したことで、貞熹王后・尹氏は王妃にまでのぼりつめた。

しかし、この夫婦を不幸が襲う。長男の懿敬《ウィギョン》がわずか19歳の若さで1457年に亡くなったのだ。

世祖と貞熹王后・尹氏の悲しみはあまりに深かった。

世祖が1468年に世を去ると、次男が8代王・睿宗《イェジョン》として即位した。貞熹王后・尹氏は王の母になったのだが、睿宗は在位1年2カ月で急死してしまう。世祖と貞熹王后・尹氏にとって、長男と次男がともに10代で夭逝したことになる。世間の人たちは、「甥から王位を奪った祟《たた》りだ！」と噂《うわさ》した。

成宗から明宗までの時代

8代王・睿宗があまりに若く亡くなったので後継者問題は混迷したが、貞熹王后・尹氏の働きかけによって、彼女の長男だった懿敬の次男に決まった。それが12歳で即位した9代王・成宗《ソンジョン》である。

成宗はまだ幼かったので、貞熹王后・尹氏が垂簾《すいれん》聴政（王の後ろで代理人として政策を決定すること）を行なった。

1476年、成宗が19歳になったのを機に貞熹王后・尹氏は垂簾聴政から身を引き、1483年に65歳で亡くなった。

成人した成宗は数々の政治的業績を残したが、問題を起こしたのが二番目の正妻となった斉献《チェホン》王后・尹《ユン》氏だった。彼女は側室を追い落とす策略を露骨にやりすぎて、成宗の信頼を失った。さらに、成宗の顔をひっかいて傷を負わせるという騒動を起こし、1479年に廃妃となってしまった。朝鮮王朝の王妃で廃妃となったのは斉献王后・尹氏が最初だった。

さらに斉献王后・尹氏は、彼女を嫌う仁粋《インス》大妃・韓《ハン》氏（成宗の母）の意向もあって死罪となってしまった。

このことが後に大きな悲劇を生む下地になった。なぜなら、成宗と斉献王后・尹氏との間に生まれた息子が１４９４年に10代王・燕山君《ヨンサングン》として即位したからだ。

燕山君は実母の死に関係した人たちをことごとく惨殺した。すでに死んでいる人の場合は墓をあばいて首をはねた。

しかも、祖母であった仁粋大妃・韓氏にも暴力をふるった。それがもとで彼女は１５０４年に67歳で亡くなった。

燕山君は政治を省《かえり》みず、側室の張緑水《チャンノクス》と一緒に酒池肉林を繰り返し、王朝の財政を悪化させた。庶民の怒りは頂点に達し、燕山君はクーデターで１５０６年に王位を追われ、張緑水は斬首された。結局、燕山君は江華島《カンファド》に流刑となり、まもなく30歳で死去した。

燕山君に代わって王位に就いたのは11代王・中宗《チュンジョン》だった。彼は妻の端敬《タンギョン》王后・慎《シン》氏を心から愛していたが、彼女の親族に燕山君の妻や側近がいたことから廃妃が決定。中宗としては断腸の思いだったが、クーデターを成功させた有力者たちの意見を無視することはできなかった。

１５０７年、中宗は章敬《チャンギョン》王后・尹《ユン》氏を二番目の王妃として迎えたが、彼女は１５１５年に息子の峼《ホ》を産んですぐに亡くなってしまった。王が独身のままでいられないので、中宗は１５１７年に文定《ムンジョン》王后・尹《ユン》氏を正妻にした。彼女は気が強い女性で、側室に対しても厳しく接した。

1534年、文定王后・尹氏は王妃になって17年目にようやく息子を産んだ。それが慶源《キョンウォン》だった。

すでに世子には皓が決まっていたが、文定王后・尹氏はあきらめなかった。なんと、彼女は皓の寝殿に火をつけて焼き殺そうとはかった。それは未遂に終わったが、文定王后・尹氏は虎視眈々《こしたんたん》と機会をうかがった。

中宗が1544年に世を去り、皓が12代王・仁宗《インジョン》として即位した。しかし、彼は在位わずか9カ月で病に倒れた。一説によると、文定王后・尹氏が持参した毒まんじゅうを食べたことが原因だという。仁宗が亡くなり、文定王后・尹氏のねらいどおりに慶源が13代王・明宗《ミョンジョン》となった。

明宗はわずか11歳だったので、文定王后・尹氏が垂簾聴政を行なった。彼女は実権を握って私腹を肥やし、恐怖政治で宮中を取り仕切った。文定王后・尹氏の弟の妻であった鄭《チョン》蘭貞《ナンジョン》も悪行によって多くの人から恨みを買った。

明宗は母の暴政によって心労が重なり病気がちになった。結局、文定王后・尹氏は1565年に64歳で世を去り、取り巻きだった鄭蘭貞も自決せざるを得なかった。そして、明宗も母の死から2年後に33歳で亡くなった。

中期の朝鮮王朝

明宗の後を継いだ14代王・宣祖《ソンジョ》には、懿仁《ウィイン》王后・朴《パク》氏という正妻がいたが、子供がいないまま1600年に45歳で亡くなった。その2年後に宣祖が迎えた継妃が仁穆《インモク》王后・金《キム》氏だった。

仁穆王后・金氏は1606年に永昌《ヨンチャン》大君《デグン》を産んだ。宣祖の正妻から生まれた初めての息子だった。しかし、すでに世子は宣祖の側室が産んだ光海君《クァンヘグン》に決まっていた。

1608年に宣祖は世を去り、光海君が15代王となった。彼は永昌大君が将来王位をねらう可能性があると見なし、まず、偽りの罪をかぶせて仁穆王后・金氏の父を殺し、彼女の実家を滅ぼした。さらに、永昌大君を庶民に格下げして流罪にしたうえで、屋敷に火を放って焼死させた。

それだけではなかった。光海君は憔悴《しょうすい》した仁穆王后・金氏を幽閉して廃妃にした。彼女は奈落の底に落ちたが、1623年に宣祖の孫がクーデターを起こして光海君を追放し、16代王・仁祖《インジョ》として即位した。これによって、仁穆王后・金氏と亡き永昌大君の名誉は回復された。

一方、済州島《チェジュド》に流罪となった光海君は1641年に66歳で息を引き取った。彼の妻の柳《ユ》氏は、すでに1623年に自決を余儀なくされていた。

光海君に代わって王位に就いた仁祖だが、1636年に侵攻してきた清に屈伏し、彼は清の皇帝の前でひざまずいて屈辱的な謝罪をした。しかも、三人の息子は清に送られて人質となった。

長男の昭顕《ソヒョン》は、人質生活の中で西洋の文物に触れて視野を広げた。そして、1645年にようやく故国に戻ってきたのだが、仁祖は外国にかぶれた昭顕を嫌った。失意の昭顕は帰国からわずか2カ月で急死した。仁祖が毒を盛ったという説が有力だ。昭顕の妻の姜《カン》氏も冤罪《えんざい》を押しつけられて庶民に降格となり、実家も没落させられた。仁祖は昭顕夫妻を異様なほど冷遇したのだ。

仁祖の次に王位に就いたのは昭顕の弟の鳳林《ポンニム》で、彼は17代王・孝宗《ヒョジョン》となった。10年間の治世の後、王位は孝宗の長男に引き継がれた。それが18代王の顕宗《ヒョンジョン》である。

彼の正妻の明聖《ミョンソン》王后・金《キム》氏は、数多い王妃の中でも一番恵まれた人だ。なにしろ、世子の妻となった後に、夫が王位に就いたのにともなって王妃にあがり、夫の死後は息子が王位を引き継いでいる。

これだけ順風満帆に女性最高のエリートコースを歩んだ女性は朝鮮王朝には他にいなかった。

その明聖王后・金氏の息子が19代王・粛宗《スクチョン》だった。ただし、明聖王后・金氏は、粛宗が正室の仁顕《イニョン》王后・閔《ミン》氏がいるにもかかわらず、側室の張禧嬪《チャンヒビン》を寵愛することが不満だった。それは、張禧嬪の存在が粛宗の王位を危うくするとにらんでいたからだ。

1688年、まだ側室だった張禧嬪は王子を産んだ。すると、粛宗は仁顕王后・閔氏を廃妃にして庶民の反感を買った。結果的に、張禧嬪はまんまと王妃の座を手にした。

ただし、張禧嬪の安泰は続かなかった。時間とともに心変わりした粛宗は、今度は淑《スク》嬪《ビン》・崔《チェ》氏を寵愛するようになり、彼女との間に男子をもうけた。その子が後の21代王・英《ヨン》祖《ジョ》である。

その後、政変が起きて張禧嬪の後ろ楯となっていた高官たちが力を失うと、粛宗は張禧嬪の廃妃と仁顕王后・閔氏の復位を決めた。淑嬪・崔氏は側室のままだったが、彼女は低い身分の出身なので王妃になるのは無理だった。

仁顕王后・閔氏は1701年に34歳で世を去った。その後に、淑嬪・崔氏の証言によって、張禧嬪が仁顕王后・閔氏の死を願って魔術的な祈祷を繰り返していたことが明らかになった。

激怒した粛宗は張禧嬪を死罪に処した。この出来事によって張禧嬪の悪名は決定的になってしまった。

朝鮮王朝の終焉

張禧嬪の息子は、1720年に20代王・景宗《キョンジョン》として即位した。しかし、わずか4年の在位で世を去り、今度は粛宗と淑嬪・崔氏との間に生まれた英祖が王位に就いた。このとき彼は30歳だったが、それから52年の長きにわたって統治した。これは朝鮮王朝27人の王の中で最長記録である。

各派閥から公平に人材を登用する政策を行なって名君と呼ばれた英祖だが、1762年に息子の荘献《チャンホン》（後の思悼世子《サドセジャ》）を米びつに閉じ込めて餓死させるという出来事を引き起こした。激しい権力闘争の中で、〝荘献の素行が悪い〟という奸臣《かんしん》の言葉を信じすぎた結果だが、この餓死事件に際して王宮の女性たちも不可解な動きをしている。

まず、英祖の継妃だった貞純《チョンスン》王后・金《キム》氏（14歳のときに65歳だった英祖の二番目の妻となった）は、荘献のよからぬ噂を英祖に吹聴することが多かった。それは、形式上は息子となる荘献を嫌っていたことが原因だった。

荘献の妻だった恵慶《ヘギョン》宮・洪《ホン》氏は、荘献の助命に奔走するというより、ただ静観するところがあった。彼女の実家が荘献と敵対する勢力だったからだ。恵慶宮・洪氏は夫よりも実家を守るほうに力を注いだともいえる。

英祖は、後になって荘献を餓死させたことをとても後悔した。せめてもの罪滅ぼしとして、荘献の息子の英才教育に力を入れた。それが22代王となった正祖《チョンジョ》である。

彼の正妻は、孝懿《ヒョウィ》王后・金《キム》氏である。素晴らしい人格者で、宮中でも評判がとてもよかった。正祖との子供を産むことはできなかったが、今でも「最も徳があった王妃」と評価されている。

朝鮮王朝後期の名君と評された正祖は1800年に48歳で亡くなり、後を継いだのは10歳の純祖《スンジョ》だった。あまりに幼かったので、立場上は曾祖母に当たる貞純王后・金氏が垂簾聴政を行なった。

彼女は、正祖時代に冷遇された自分の一派を重用し、正祖の重臣たちを次々に排除した。正祖が実行した改革も元に戻してしまい、政治を停滞させた。また、キリスト教を弾圧して、罪のない人を多く処刑した。1805年に60歳で世を去ったが、貞純王后・金氏がもたらした弊害は大きかった。

その後、政治の実権を握ったのは、純祖の正妻だった純元《スヌオン》王后・金《キム》氏の実家にあたる安東金《アンドンキム》氏一族だった。彼らは政権の要職を独占して反対派を粛清。世間では収賄が横行し、社会が乱れた。各地で反乱が起きると、純祖はようやく勢道政治（外戚が仕切る政治）の弊害を自覚するようになり、政治勢力の分散をはかった。しかし、内政の混迷は終わらなかった。

１８３４年、純祖が44歳で亡くなり、孝明《ヒョミョン》（純祖の長男で21歳で夭逝）の息子が即位した。それが24代王の憲宗《ホンジョン》である。

わずか7歳であったために、純元王后・金氏が垂簾聴政を行なった。必然的に、彼女の権力は絶大になった。

１８４９年に憲宗が22歳で急死した。すると、純元王后・金氏は自分の一族の影響力を保持するために、王族ではあったが地方で農業をしていた無学の青年を王位に就けた。それが25代王の哲宗《チョルジョン》だった。

このように権力者が政治を私物化する中で、朝鮮王朝の治世はひどくなる一方だった。ときはまさに19世紀の激動期。朝鮮王朝は世界の潮流を知らずに近代化が遅れ、全土が混迷をきわめた。これでは国内が安定するわけがない。

外国の干渉を受けて弱体化した朝鮮王朝は、日韓併合にともなって１９１０年に幕を閉じた。

著　者

康　煕奉（カン　ヒボン）

1954年東京生まれ。在日韓国人二世。韓国の歴史・文化や日韓関係を描いた著作が多い。主な著書は、「朝鮮王朝の歴史はなぜこんなに面白いのか」「日本のコリアをゆく」「徳川幕府はなぜ朝鮮王朝と蜜月を築けたのか」「ヒボン式かんたんハングル」「悪女たちの朝鮮王朝」「韓流スターと兵役」「韓国ドラマ&K-POPがもっと楽しくなる！ かんたん韓国語読本」「新版　知れば知るほど面白い　朝鮮王朝の歴史と人物」など。特に、朝鮮王朝のJC新書シリーズはベストセラーとなった。

口絵写真提供：©スポーツコリア/ピッチ、YONHAPNEWS、井上孝
本文写真撮影：井上孝

※本書は2011年に刊行された「知れば知るほど面白い 朝鮮王宮 王妃たちの運命」（実業之日本社刊）を一部改稿し、再刊行したものです。改稿の際に、専門ウェブメディア「韓ドラ時代劇.com」に著者が執筆した原稿も生かされています。

JIPPI Compact

じっぴコンパクト新書　391

新版《しんぱん》 知《し》れば知《し》るほど面白《おもしろ》い
朝鮮《ちょうせん》王宮《おうきゅう》 王妃《おうひ》たちの運命《うんめい》

2021年11月16日　初版第1刷発行

著　者……………康《カン》　煕奉《ヒボン》
発行者……………岩野裕一
発行所……………株式会社実業之日本社
〒107-0062
東京都港区南青山5-4-30
CoSTUME NATIONAL Aoyama Complex 2F
電話03-6809-0495（編集／販売）
https://www.j-n.co.jp/
印刷・製本…………大日本印刷株式会社

ISBN　978-4-408-42114-8（書籍管理）